Edition Akzente

Mark Siemons

Die chinesische Verunsicherung

Stichworte zu
einem nervösen System

Carl Hanser Verlag

1 2 3 4 5   21 20 19 18 17

ISBN: 978-3-446-25537-1
Alle Rechte vorbehalten
© Mark Siemons 2017
© Alle Rechte vorbehalten.
Frankfurter Allgemeine Zeitung
GmbH, Frankfurt am Main
© Carl Hanser Verlag München 2017
Umschlaggestaltung: Peter-Andreas Hassiepen, München
Motiv: © Mercator Institute for China Studies
(MERICS)/Roman Wilhelm
Satz: Angelika Kudella, Köln
Druck und Bindung: Friedrich Pustet, Regensburg
Printed in Germany

MIX
Papier aus verantwor-
tungsvollen Quellen
FSC® C014889
FSC
www.fsc.org

Inhalt

Prolog in drei Anläufen

*Wir können uns freilich in die Einzelheiten dieser Geschichte
weiter nicht einlassen, die, da sie selbst nichts entwickelt,
uns in unserer Entwicklung hemmen würde.*
Georg Wilhelm Friedrich Hegel, *Vorlesungen über
die Philosophie der Geschichte, Abschnitt »China«*

*Der Meister sagte: »Weiß ich denn überhaupt etwas?
Ich weiß nichts. Aber wenn mich ein Dummkopf fragt,
spanne ich zwei Enden aus und erschöpfe damit alles.«*
Konfuzius, *Gespräche*

1. Verwirrung am Tiananmen

Woher kommt die Verwirrung, die sich jedes Mal auf dem
Platz des Himmlischen Friedens einstellt? Ist es wirklich allein die Erinnerung an die tödliche Nacht, die sich hier er-
eignete, sind es das Mao-Mausoleum, das Mao-Bildnis am
Eingang zur Verbotenen Stadt und die Große Halle des Volkes? Es ist noch etwas anderes.

Der Platz ist ringsum mit Gittern abgesperrt, Gitter von
einer Höhe, die für keinen athletischen Menschen ein Hindernis darstellen würden und die dennoch eine mächtigere
Grenze sind, als es dicke Mauern sein könnten. Eine psycho-
logische Grenze, die sich als eine symbolische erweist. Gleich,
ob man sich diesem Ort zu Fuß, mit dem Bus, mit dem Auto
oder mit der U-Bahn nähert – es gibt nirgendwo einen direkten Durchgang von der Stadt zum Platz, an keiner Stelle ist es
möglich, den Platz einfach so zu betreten, spontan und naiv
also, sich treiben lassend, als Flaneur gewissermaßen, ohne
das ausdrückliche Bewusstsein einer Scheidelinie, eines an-

deren Aggregatzustands, der dieses Areal von den Niederlassungen der Menschen trennt. Der rechteckige Platz ist ringsum von großen Straßen umgeben, doch Autos können nur an einer bestimmten Stelle an der Südseite der Großen Halle des Volkes für kurze Zeit halten. Die Busse und U-Bahnen kommen am Chang-an-Boulevard an. Die aussteigenden Fußgänger müssen auf dem Bürgersteig an mehreren Kontrollposten vorbei, an denen uniformierte Polizisten und Zivilbeamte stehen und die Massen mustern. Der Platz selbst lässt sich an mehreren Straßenübergängen betreten, an denen sich die Absperrgitter zu einem Weg durch eine Kontrollbaracke öffnen, in der man sein Gepäck auf ein Durchleuchtungsrollband legt und auch persönlich bei Verdacht überprüft wird.

Eine solche Prozedur ist weltweit heute nicht mehr nur auf Flughäfen üblich, sondern überall, wohin es viele Menschen drängt, seien es staatliche, kulturelle oder kommerzielle Orte. Das Besondere ist hier nur: Der Platz ist leer. Es gibt, abgesehen von der Heldensäule und dem täglich bloß für wenige Stunden geöffneten Mao-Mausoleum, nichts auf ihm, was man als »Sehenswürdigkeit« bezeichnen könnte. Und er bekommt auch keine Kontur durch die Stadt, deren Mitte er ist. Der Tiananmen-Platz ist wahrscheinlich der einzige Ort in Peking, an dem man von der Stadt fast nichts sieht. Er ist so groß, dass man immer nur in der Ferne repräsentative Staatsbauten erkennt, die aber ihrerseits isoliert sind und keinen Bezug zu Orten haben, an denen Menschen leben. Es gibt auch keine Bänke, keine Bäume, keine Wiesen auf diesem Platz, nichts, wo man sich hinsetzen und, wie man so sagt, das Leben an sich vorüberziehen lassen könnte. Das Leben, wie es sich sonst auf Plätzen abspielt, ist hier auch gar nicht vorgesehen, etwa dass man musiziert, singt, tanzt, isst, jedenfalls nicht in Gruppen – geschweige denn, dass man demonstriert oder Reden hält. Man kann bloß in den Himmel gucken oder auf die Erde, von der man weiß, dass sie den größten Platz der Welt ausmacht.

Die Bewusstseinstatsache ist das Entscheidende. Es gibt für die zahllosen Menschen aus China und der ganzen Welt nur einen Grund, jeden Tag von neuem auf diesen durch seine Sicherheitsschleusen herausgehobenen Platz zu strömen: Dieser Ort ist nichts als Symbol, in einer Ausschließlichkeit wie vielleicht kein anderer Ort auf der Erde. Man kennt den berüchtigten Ausspruch von Mao: »China ist wie ein leeres Blatt Papier, auf das sich die schönsten Schriftzeichen malen lassen« – ein Ausdruck der Willkür und der Vermessenheit, mit denen der Tyrann das Land und dessen Bevölkerung nach seinem Bild gestalten wollte. Aber es ist auch die Formulierung eines viel länger zurückreichenden Bewusstseins, dem zufolge China nicht durch einzelne, begrenzende Eigenschaften gekennzeichnet ist, sondern durch die Vorstellung, für die ganze Welt zu stehen. Genauso wenig wie man dem alles überwölbenden Himmel Grenzen setzen kann, kann man es auf Erden dieser Leere, die alles in sich aufnehmen kann. Die Bedeutung dessen, was es sonst noch geben mag, misst sich an seiner Nähe oder Ferne zu diesem Zentrum, das sich jeder Definition entzieht. Mit anderen Worten: Der Platz des Himmlischen Friedens ist die Mitte nicht nur Pekings und Chinas. Sondern der ganzen Welt.

Der einzelne Mensch ist dagegen möglicherweise nicht von der Art, dass er ein solches Höchstmaß an Bedeutung leicht wegstecken könnte. Er ist aus der Welt, dem Land oder der Stadt gekommen, wahrscheinlich in einer Reisegruppe, was manches erleichtert, und nun findet er sich nach viel Mühe und Lauferei und Einweisung auf diesem Platz wieder, von dem er weiß, was er bedeutet. Was aber bedeutet er, der Besucher? So wie andernorts Plätze Kulissen für die Leute sind, die ihn bevölkern, sind hier die Leute die Staffage für den Platz. Nach der Erweiterung des Platzes in den fünfziger Jahren waren Volks- und Truppenaufmärsche sein Zweck, doch heute ist schon das chinesisch-international buntgemischte Gewimmel der Besucher ein Teil des Symbols – unter der ausdrücklichen Voraussetzung natürlich, dass sich dieses Gewimmel nicht artikuliert, nicht wie am 4. Mai 1919 oder im Frühling 1989 an diesem Ort eine Eigenwilligkeit zu erkennen gibt und damit den Lauf der chinesischen Geschichte verändert. 1919 demonstrierten Studenten hier gegen die schwache damalige Regierung, die den Versailler Vertrag und die Übereignung der ehemals deutschen Kolonie Qingdao an Japan unterzeichnet hatte – das war der symbolische Beginn der nationalen Modernisierungsbewegung, die kurze Zeit später zur Gründung der Kommunistischen Partei und zu deren Kampf um die Macht führte. 1989 demonstrierten Studenten und Arbeiter aus dem ganzen Land für Demokratie und gegen Herrschaftsmissbräuche ebendieser Partei, bis die Bewegung dann mit kalkulierter Brutalität niedergeschlagen wurde.

Heute soll bloß der Platz selbst demonstrieren, und die Menschen auf ihm sollen nichts als Kulisse sein. Daher die Verwirrung. Denn die eigenen Empfindungs- und Reaktionsmöglichkeiten halten mit der Erhabenheit des Monuments nicht Schritt. Man geht herum, macht Fotos, kauft Postkarten oder kleine chinesische Nationalflaggen, die die fliegenden Händler anbieten, lässt sich von Tourorganisatoren ansprechen, ob man nicht die Chinesische Mauer besuchen will. Doch anders als an gewöhnlichen touristischen Orten gibt es nichts Sichtbares, Anzuguckendes, das den Betrieb zentrieren und in Zaum halten würde.

Ganz China ist auf diese leere Mitte, den Platz des Himmlischen Friedens, ausgerichtet. Seitdem Peking die Hauptstadt Chinas ist, wurde dort immer wieder abgerissen und neu gebaut, doch jedes Mal orientierte sich sein Grundriss weniger an Wirtschafts- oder Wohn-Bedürfnissen als an den Bedürfnissen staatlicher Repräsentation, die traditionell eine Repräsentation des Kosmos ist. So wie China als »Alles unter dem Himmel« bezeichnet wurde und der Kaiser als »Himmelssohn«, galt Peking selbstverständlich als Hauptstadt der

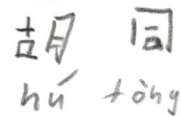

胡 同
hú tòng

Welt. Und heute? Im Westen wird von China oft in Form einer Verfallsgeschichte erzählt: vom fortschreitenden Verschwinden dessen, was China wiedererkennbar mache, von der Peking-Oper bis zu den Hutongs, den alten Gassen. Was aber, wenn sich dies bloß als anekdotische, folkloristische Äußerlichkeiten herausstellte und das, was dieses Land in Wirklichkeit zusammenhält, das Signal der Leere wäre, das von der Mitte seiner Hauptstadt ausgeht – einer Leere, die alles in sich aufnehmen kann und dabei doch nichts von ihrem Zentralitätsanspruch aufgibt? Ist das womöglich gemeint, wenn als offizielles Staatsziel das »Wiederaufblühen« des Landes zu seiner früheren Bedeutung ausgerufen wird? Die Wiederherstellung jenes nur vorübergehend durch äußere Einwirkung unterbrochenen Zustands, da China die Mitte des Universums war?

Für den Passanten, der heute durch chinesische Straßen streift, hören die Verwirrungen jedenfalls nicht auf. Größtmögliche, gewissermaßen entgrenzte Bedeutungen – Kommunismus, Kapitalismus, China, der Westen, die neue Weltordnung – stoßen an jeder Ecke mit durchaus begrenzten Äußerungsformen zusammen, Banalitäten, wie man sie nennen könnte, die sich dann manchmal wieder als das eigentlich Bedeutende herausstellen.

Die amtliche Beobachtung kann solche Verwirrungen, Zusammenstöße, objektiven Ironien natürlich nicht dulden und versucht sie daher so schnell wie möglich wieder aufzulösen, in irgendeiner Synthese oder Experten-Meinung, die an die vertrauten Begriffe und Argumentationsweisen ihres jeweiligen Publikums anschlussfähig ist. Doch womöglich geht mit der Verwirrung dann auch ein Teil der Realität verloren, die in ihr enthalten war, und zwar gerade jener Teil, der das Ungewisse und Zugespitzte der Situation kennzeichnete. In diesem Buch soll die Verwirrung einmal so ungeschützt erhalten bleiben, wie sie der in China Lebende vorfindet, mit all jenen Elementen, die so, wie sie in die geistige und physische Geographie dieses Staats eingeschrieben sind, nicht zueinander passen wollen.

2. Xi Jinpings Gegenreformation

2012 brach in China eine Ära an, die das Leben vieler Chinesen erheblich verändert. Nicht so erheblich wie die Einführung der Marktwirtschaft in den achtziger und neunziger Jahren, aber doch so stark, dass der Rahmen aus Regeln und Tabus, an den sich die Funktionäre, die Geschäftetreibenden und der Rest des Volks bei der Realisierung dieser Marktwirtschaft in den letzten Jahrzehnten gewöhnt hatten, plötzlich nicht mehr verlässlich ist und ein neuer an seine Stelle tritt. Staats- und Parteichef Xi Jinping betreibt eine Reform der Reformen, mit denen Deng Xiaoping das maoistische China umgekrempelt hatte, und krempelt dadurch seinerseits die gesamte Machtstruktur des Landes um.

Von außen wird die Zäsur kaum als solche wahrgenommen. Da Xi Jinpings Reform nicht die liberale Reform ist, die man im Westen von seinem Amtsantritt erhofft hatte, kommt sie als Reform dort gar nicht erst in den Blick. Das neue China seit Xi Jinping sieht aus der Ferne genauso aus wie das alte, nur eben noch repressiver nach innen und noch aggressiver nach außen. Das Interesse an China, das zur unausgesprochenen Voraussetzung die Erwartung hatte, dass das Land auf lange Sicht liberaler und westlicher wird, flaut ab.

Dieses Buch handelt von den politischen und kulturellen Widersprüchen, auf denen das chinesische System in seiner neuen Ausprägung gründet und die es in seiner Besonderheit überhaupt erst erkennbar machen. Das Gefühl einer grundsätzlichen Verunsicherung steht am Anfang der neuen Ära; ohne diese Verunsicherung lässt sich das demonstrative Selbstbewusstsein schlecht verstehen, das daraus resultierte und das die Regierung in Peking dem Land und der ganzen

Welt unablässig vorführt. In der Zeit seiner Amtsübernahme wurde Xi Jinping nicht müde, von einer möglichen »Zerstörung« der Kommunistischen Partei und einem »Fall« der chinesischen Regierung zu sprechen. Solche Endzeitszenarien gehörten bis dahin nicht gerade zum offiziellen Rhetorik-Arsenal der Kommunisten, die in der Öffentlichkeit sonst alles versuchen, jede noch so sehr gegen sie sprechende Tatsache so lange zu abstrahieren, bis sie sich in ihrem optimistischen Geschichtsschema auflöst. Mit der Drastik seiner Redeweise kündigte der neue Amtsinhaber an, wie einschneidend und umfassend der von ihm geplante Umbruch sein würde: Es geht um nichts Geringeres als um Leben und Tod. Damit holte er ein Thema aus der Routine, das auch die vorangegangenen Jahrzehnte hindurch präsent gewesen war, aber zu nicht mehr als vereinzelten symbolischen Kampagnen geführt hatte: das Thema der Funktionärskorruption. Wenn die Partei die Korruption ihrer Funktionsträger nicht in den Griff bekäme, sagte er, wäre das ihr Untergang.

Der Kern der Verunsicherung, die damit ausgesprochen ist, liegt im Systemkonflikt mit dem Westen, in dem die Kommunistische Partei auch nach Ansicht vieler ihrer Vordenker langfristig auf verlorenem Posten steht. Wie soll man die strukturelle Korruption langfristig in den Griff bekommen können, solange politische und wirtschaftliche Macht in einer Hand vereint sind? Und wie könnte ein aus imperialen und leninistischen Traditionen zusammengesetzter Autoritarismus langfristig in der Lage sein, die Repräsentations- und Partizipationsbedürfnisse einer hochmodernen, vernetzten und vielfältigen Gesellschaft zu befriedigen? Weil sie auf solche Fragen keine Antwort wissen, rechneten auch viele Regierungsberater in den chinesischen Thinktanks damit, dass die Partei sich Stück für Stück liberalisieren und ausdifferenzieren würde, um die Spannung mit der durch die Marktwirtschaft immer pluralistischer werdenden Gesellschaft nicht zu groß werden zu lassen. Umso größer dann die Überraschung, als das Programm, das Xi Jinping auf dem Dritten Plenum des Zentralkomitees 2013 der Partei verordnete, in die entgegengesetzte Richtung ging (siehe das Stichwort »Reform« in diesem Band). Die Partei soll sich moralisch und ideologisch selbst in den Griff bekommen, um auf diese Weise das Land noch effektiver zu kontrollieren, alle Ideen- und Machtkonkurrenten abzuwehren und sich in der Welt selbstbewusst zu behaupten. Xis Reform steht für nichts Geringeres als eine wenn nicht kommunistische, dann doch leninistische Gegenreformation gegen den bis eben noch insgeheim für unumkehrbar gehaltenen Trend zu immer mehr Liberalismus, Demokratie und Gewaltenteilung.

Das aber bedeutet die Abkehr von zwei Strategien, mit denen Deng Xiaoping die Einführung des Kapitalismus begleitet hatte: die Dezentralisierung der Herrschaft und die Einklammerung der Ideologie (»Es ist mir egal, ob eine Katze schwarz oder weiß ist, Hauptsache, sie fängt Mäuse«, gehört zu Dengs berühmtesten Sentenzen). Mit der Dezentralisierung war die Erlaubnis für lokale Funktionsträger verbunden, selber als Markt-Akteure in Erscheinung zu treten (unter Dengs Nachfolger Jiang Zemin später ergänzt durch die Einladung an Kapitalisten, ihrerseits ebenfalls Mitglieder der Partei zu werden) – eine Lizenz zum Reichwerden, in deren Zusammenführung von politischer und ökonomischer Macht schon der Keim für die strukturelle Korruption innerhalb der Partei lag.

Xi Jinping tastet die bestehenden Institutionen innerhalb der Partei nun zwar nicht an, aber er ergänzt sie um zwei Querschnittsressorts, die in der Lage sind, alle bisherigen Zuständigkeiten auszuhebeln: die Leitungsgruppe Reform und die Nationale Sicherheitskommission. An der Spitze beider Organe steht er jeweils selbst. Das ist die machtpolitische Basis dafür, dass die eingespielten Beziehungsstrukturen innerhalb der Partei aufgebrochen wurden und sich niemand in der Hierarchie mehr sicher fühlen kann.

So findet in den letzten Jahren, im Namen einer Wiederherstellung der Autorität der Partei als Ganzer, eine permanente Zerstörung von Autoritäten statt. Ständig werden der Öffentlichkeit neue Parteisekretäre, Generale, Bürgermeister, ja sogar ehemalige Politbüromitglieder vorgeführt, denen die Charaktermaske vom Gesicht gerissen wird, denen nachgewiesen wird, wie sie ihre Amtsstellung missbraucht und Geld für Begünstigungen und Rechtsbeugungen genommen haben. Über die Kriterien und Methoden der Verfolgung gibt es freilich keine öffentliche Transparenz, da sie zuerst parteiinternen Institutionen gehorcht; wie bei früheren Kampagnen lässt sich von außen nicht unterscheiden, was an ihnen reine Korruptionsbekämpfung und was Machtkampf ist.

Mit der Disziplinierung einher geht eine ideologische Aufrüstung. Xi Jinping fordert die Funktionäre dazu auf, den Kommunismus nicht wie bisher als bloßes Lippenbekenntnis zu betrachten, sondern wirklich an ihn zu glauben, ihr Vertrauen »in den Weg, die Theorie, das System und die Kultur des Sozialismus mit chinesischen Kennzeichen« zu stärken. Auch das ist eine Überraschung. Obwohl die Partei nach außen hin natürlich immer am Kommunismus festgehalten hat, bestand doch ein unausgesprochenes Einverständnis darüber, dass dies bloß eine *Façon de parler* sei, hinter deren Fassade sich dann eher pragmatische Gesichtspunkte durchsetzen würden. Nun aber fordert der Generalsekretär mit Nachdruck, dass aus dem Sprachspiel wieder eine persönliche Überzeugung werden soll. Was damit unter den Bedingungen eines weiterhin real existierenden Kapitalismus genau gemeint ist, ist unklar (siehe Stichwort »Marxismus«). Xi Jinping verlangt den weithin zynisch gewordenen Kadern einen Glaubensakt ab, verweist dessen Füllung aber an die Experten in den immer zahlreicheren Thinktanks des Landes: »Wir müssen kühn und beständig theoretische Durchbrüche machen«. Er selbst rechtfertigt diese Mischung aus Glaubensfestigkeit und Begriffsleere erst einmal mit der klassischen marxistischen Formulierung, China befinde sich noch in der ersten Phase des Sozialismus. In der letzten Zeit gibt er freilich auch zu erkennen, dass seine Vorstellung der Doktrin wenig mit einem traditionellen essentialistischen Verständnis des Marxismus zu tun hat. »Marxismus ist niemals das Ende der Wahrheit. Er öffnet einen Weg hin zur Wahrheit«, sagte Xi 2016 zum 95. Geburtstag der Partei. »Die Wechsel der Zeiten und das Ausmaß und die Tiefe von Chinas Entwicklung sind weit außerhalb der Vorstellung der klassischen marxistischen Denker.«

Die Vagheit des Bekenntnisses hindert nicht, dass mit ihm handfester Druck ausgeübt wird, im Gegenteil. Es ist eine klassische Methode der Machtausübung, mit rätselhaften Äußerungen die Untergebenen zur Vorsicht zu erziehen, gegeneinander auszuspielen und dadurch im Griff zu behalten. Nicht nur die Parteimitglieder und die Forscher in den staatlichen Thinktanks werden wieder zunehmend auf die Reinheit der Lehre verpflichtet, in weiteren Kreisen werden auch die Dozenten und Studenten an den Hochschulen sowie die Journalisten in die neue Indoktrinierung einbezogen. Statt auf Sachgerechtigkeit und Expertentum, die Deng Xiaoping betont hatte, wird der Akzent wieder auf Ideologie gelegt. Da schlägt die Stunde der Intriganten: Karrieristen haben leichtes Spiel, Genossen oder Kollegen wegen mangelnder Gesinnungsstärke anzuschwärzen oder wegen zu großer Nähe zu westlichen Ideen und Institutionen zu denunzieren. Die parteiinterne Disziplinarkommission kümmert sich nicht nur um Korruption, sondern auch um intellektuelle Vergehen. Differenzierte Diskussionen werden immer heikler, sobald es bei ihnen wirklich um etwas geht. Und auch die Zeit für Humor, Ironie und andere Ambiguitäten im Umgang mit sogenannten sensiblen Themen scheint vorüber zu sein. So versetzt das, was als Überwindung der Verunsicherung der Partei als Ganzer ausgegeben wird, große Teile des Personals ebendieser Partei zunehmend in Verunsicherung.

Gleichzeitig wird über Medien, Plakate und Mauerbeschriftungen auch die gesamte Öffentlichkeit mit den innerparteilichen Sprachregelungen behelligt, massiver, als dies lange Zeit der Fall gewesen war. Die Frage, worauf diese moralisch-ideologische Offensive letztlich hinauslaufen soll, ist dabei umso virulenter, als die Partei alle nicht von ihr sanktionierten Ideen und Initiativen in der Zivilgesellschaft mit größerer Entschlossenheit als zuvor unterdrückt (siehe Stichwort »Xu Zhiyong«). Man muss mittlerweile nicht das Herrschaftsmonopol der Partei in Frage stellen, um eine Gefängnisstrafe zu riskieren; es genügt, bei gesellschaftlichen Initiativen andere Kanäle als die von der Partei vorgesehenen zu nutzen, selbst wenn die Ziele durchaus akzeptiert sind (zum Beispiel die Verteidigung von Petitionären, die durch korrupte Kader bedrängt werden). Dieses rigorose Regiment wird in einem System des »Herrschens durch Gesetze« (nicht zu verwechseln mit dem liberaldemokratischen Prinzip der angelsächsischen »Rule of Law«) verfeinert und institutionalisiert (siehe Stichwort »Regieren durch Gesetze«). Dem Westen will die Partei mit ihrem neu zu erringenden guten Gewissen auf politischer, juristischer, philosophischer und medialer Ebene ein alternatives System gegenüberstellen. Dass bei diesem System bisher nur die Machtstruktur eindeutig ist, der Inhalt aber an die Ausschüsse delegiert wird, also ein unabsehbares *Work in Progress* ist, scheint nicht als störender Widerspruch empfunden zu werden. Und auch nicht, dass die Partei jede grundsätzliche Auskunft darüber schuldig bleibt, wie sie die Quadratur des Kreises fertigbringen will, die strukturelle Ursache der Korruption zu beseitigen, ohne politische und wirtschaftliche Macht und Jurisdiktion voneinander zu trennen. Wie sie, mit anderen Worten, sich am eigenen Schopf aus dem Sumpf ziehen will.

Die beiden zentralen Vokabeln, mit denen Xi Jinping die Ziele seiner Regierung beschreibt, sind von der gleichen Ambiguität durchdrungen: der »Chinesische Traum« ohne-

hin, der legitimerweise offenbar auch alle möglichen privaten Ambitionen umfassen kann, aber auch das politisch spe-
zifischere Konzept des »Großen Wiederaufblühens der Nation«. Das Programm verankert die eigene Zukunft und das
Recht in einer imaginierten Vergangenheit, als China vor
dem Zusammenstoß mit westlichen Mächten in seiner Blü-
te stand (siehe Stichwort »Chinesischer Traum«). Doch in
dieser Vergangenheit begriff sich China noch gar nicht als
Nation unter anderen Nationen, sondern als Kernland einer potentiell globalen Kultur. Die Frage, welchen Werten
und Kriterien sich China unter modernen Bedingungen verpflichtet sehen will, ist damit also noch nicht beantwortet,
genauso wenig wie die Frage, an welchem Punkt sein geopoli-
tischer Machtehrgeiz so weit gestillt sein wird, dass er nicht
mehr im Schatten irgendeiner Vergangenheit stehen zu müssen glaubt.

Mit dem »Großen Wiederaufblühen der Nation« begrün-
den chinesische Offizielle heute nicht nur die Verurteilung
von Dissidenten, sondern auch die eigene Unnachgiebigkeit
im Streit um Seerechte im Südchinesischen Meer. Während
Xi Jinping zur Gegenreformation und zum »Großen Wiederaufblühen« rüstet, wächst China zur größten Volkswirtschaft
der Welt heran, woran voraussichtlich auch die zu erwarten-
den Rückschläge nichts ändern werden. Was wird dies für
die künftige Machtverteilung in der Welt bedeuten? Vor allem in den Vereinigten Staaten stellen sich Regierungsberater die Frage, ob Amerika und China langfristig der »Thukydi-
des-Falle« entkommen können, der zufolge Spannung und
Konflikt zwischen einer aufsteigenden und einer etablierten
Macht unausweichlich seien. Welche Ideen und Strategien
stehen auf beiden Seiten zur Verfügung, um es nicht zum
Äußersten kommen zu lassen? Das verunsicherte China verunsichert.

3. Bewegung denken

Von Europa aus erscheint es ganz unwahrscheinlich, dass China ein Zeitgenosse ist. Ein Land, das sich so sehr im Mittelpunkt der globalen Entwicklung fühlt, gehört offenkundig einer ganz anderen Gegenwart an als ein Erdteil, der sich mehr und mehr an der Peripherie des Weltgeschehens sieht. Es ist, als befänden sich die beiden Zeitzonen auf entgegengesetzten Seiten der Globalisierung. Europa, von dem die Erschließung der Welt in ihrer heutigen Form ausging, sieht deren Kräfte heute gegen sich zurückschlagen und fühlt sich von der weltweiten Marktkonkurrenz ebenso wie von international operierenden asymmetrischen Kriegern wie den Islamisten bedroht; nach innen zerbröseln sogenannte Populisten in dieser Bedrängnis das lange Zeit für sicher gehaltene europäische, auf universellen Werten beruhende Selbstbewusstsein. China dagegen, das durch den europäischen Imperialismus aus seiner Selbstgenügsamkeit gerissen worden und in eine Phase äußerster Desorientierung gestürzt war, sieht sich durch die Globalisierung in einem Aufwind der Geschichte, der es wieder zu seiner früheren Bedeutung als Land der Mitte tragen werde.

Von Europa aus über China nachzudenken bedeutet heute daher nicht zuletzt, über die eigene Beobachterrolle nachzudenken. Die Verunsicherung durch China scheint eine Verunsicherung des Westens auch über sich selbst zu sein. Schon jetzt merkt man, dass China für ihn nicht mehr in gleicher Weise Gegenstand sein kann wie noch vor wenigen Jahrzehnten. Nachdem der frühere, auf dem Bewusstsein einer geradezu exemten Unangreifbarkeit beruhende Überlegenheitskomplex verlorengegangen ist, bedarf es einer neuen Souveränität, sich auf die Kategorien des Gegenübers einzulassen und dabei zugleich die universalistischen Prinzipien zur Geltung zu bringen. Dass der Westen durch Wirtschaftskrisen, Nahost-Krise, Terrorismus, Ukraine-Krise, Brexit, Trump und seine anderen populistischen Herausforderungen vorerst jedoch zu sehr mit sich selbst beschäftigt ist, als auf diese langfristigen Entwicklungen zu achten, verstehen die chinesischen Strategen nicht als Nachteil.

Es hat allerdings auch noch einen anderen Grund, wenn man sich von Europa aus schwer damit tut, China in die eigene Gegenwart und deren Debatten hineinzulassen – obwohl doch das Interesse an diesem exotischen Land, an Mao und Konfuzius, Wirtschaftswunder, Dissidenten und Ein-Kind-Politik, traditionell groß ist. China scheint erstaunlich wenig begriffliche Anknüpfungspunkte zu bieten, wie sie Europa für eine wirkliche intellektuelle Auseinandersetzung für notwendig hält. All die zentralen Begriffe, mit denen das offizielle China operiert, vom »Chinesischen Traum« über das »Große Wiederaufblühen der Nation« bis zum »Sozialismus mit chinesischen Kennzeichen«, sind von einer bemerkenswerten Leere. Die »Konfuzius-Institute«, mit denen China in der ganzen Welt seine »Soft Power« verstärken will, erregen viel Aufmerksamkeit, doch das kann nicht darüber hinwegtäuschen, dass China bisher noch nicht einmal selber weiß, was es in diesen Instituten außer Schriftzeichen und Vokabeln von China vermitteln will (siehe Stichwort »Konfuzius-Institut«). Die Regierung von Xi Jinping will wieder mehr denn je »westliche Einflüsse« und Ideen bekämpfen; Zensur und Repression nehmen zu. Doch darüber, was denn nun chinesische Ideen sein könnten, schweigt sie sich aus. Eine Mischung aus Zensur, kapitalistischer Ausdifferenzierung und politisch gelenkter Segmentierung der Öffentlichkeit in zahllose Einzelöffentlichkeiten hat vielmehr zu einer weitverbreiteten Neutralisierung von Ideen geführt; sie hat sich als wirkungsvollste Waffe gegen Opposition aller Art herausgestellt (siehe Stichwort »Mainstream«).

China scheint gar keinen Begriff von sich selbst zu haben, womöglich auch nicht haben zu wollen, und schlüpft daher unter den Eintrittsbarrieren der europäischen Gegenwart durch. Das war in früheren Zeiten schon einmal durchaus anders. Im siebzehnten Jahrhundert versorgten Jesuiten-Missionare europäische Philosophen mit »erbaulichen und merkwürdigen Briefen«, die China als »das andere Ende Europas« (Leibniz) erscheinen ließen, als Heimstatt einer »natürlichen Theologie« (wieder Leibniz), die dem europäischen Denken Vorbild und Anregung sein könne. Und zu Zeiten der Kulturrevolution kam der Maoismus vielen westlichen Linken als attraktive Alternative zum erstarrten Sowjetkommunismus vor, als Epiphanie eines »Neuen Menschen«, der die Verknöcherungen der westlichen wie der östlichen Hemisphäre in einer permanenten Revolution aufzulösen verhieß. Beide Male diente China gerade in seiner Ferne als höchst anschlussfähige Projektionsfläche für europäische Ideen.

Doch nun, ausgerechnet in dem Moment, da »China« für den Westen nicht bloß eine Projektionsfläche ist, sondern diesen zum ersten Mal real bedrängt, scheint sein Begriff zum ersten Mal leer zu sein. China verkündet in bemerkenswert geringem Maße eine inhaltlich gefüllte chinesische Ideologie (siehe Stichwort »Identität«). Die Verwirrung, die von China ausgeht, ist daher von ganz anderer Art als etwa beim Islamismus, dessen antimoderne Schlachten gut in das geläufige Schema eines Kampfs der Kulturen zu passen scheinen.

Verschärft wird diese intellektuelle Ungreifbarkeit durch eine frappierende Fähigkeit zum Aushalten von Selbstwidersprüchen. Wenn der Glaube an den Marxismus zugleich eingefordert und durch einen immer weiter forcierten Kapitalismus täglich unterlaufen wird, wie soll man ihn dann überhaupt in der Geschichte des Kommunismus unterbringen, mit der sich Europa auskennt? Oder der Konfuzianismus, von dem jetzt häufig gesagt wird, dass ihn die Kommunistische Partei wieder zu Ehren bringen wolle: Die Tatsache, dass sie nicht weniger deutlich vor ihm warnt, sollte er an inhaltlicher

Bestimmtheit gewinnen und in die Zone der Macht eindringen, zeigt, dass auch er in einem Reich der Paradoxa angesiedelt ist, das es schwer zu machen scheint, sich mit ihm auf klare und distinkte, also europäische Weise auseinanderzusetzen (siehe Stichwort »Konfuzius«).

Die chinesische Regierung beschwört verstärkt eine »Herrschaft des Rechts« und lässt gleichzeitig Rechtsanwälte verfolgen, die sich auf die chinesische Verfassung berufen. Viele westliche Kommentatoren versuchen das Unvereinbare dadurch aufzulösen, dass sie den Begriff der Herrschaft des Rechts als manipulative Propagandalüge abtun. Doch in Wirklichkeit lässt die Regierung selbst den Gegensatz zwischen dem Terminus des westlichen Liberalismus und der in der englischen Übersetzung gleichlautenden Bezeichnung für eine Herrschaftsmethode der chinesischen Legalisten aus dem vierten vorchristlichen Jahrhundert unaufgelöst nebeneinander stehen. Die Selbstwidersprüchlichkeit auf die Spitze treibt die gegenwärtige Praxis der jahrhundertealten Tradition des Petitions-Amts: Die Hoffnung auf eine außerplanmäßige Gerechtigkeit wird da planmäßig geschürt und gleichzeitig planmäßig unterlaufen, indem man die Petitionen ins Leere laufen und die Bittsteller oft sogar verfolgen lässt (siehe Stichwort »Petition«). Denn erst der dialektische Glaube an einen gerechten Himmel hält das Reich zusammen.

Es hat den Anschein, als wären feststehende Begriffe für China sogar schon in früheren Zeiten bloß von bedingter Bedeutung gewesen. Der Philosoph Zhuangzi, den man im Nachhinein einen Anarchisten nennen könnte, sagte vor mehr als 2300 Jahren: »Das Fangnetz existiert um der Fische willen; wenn du den Fisch gefangen hast, kannst du das Fangnetz vergessen. Die Wörter existieren um ihrer Bedeutung willen; wenn du die Bedeutung verstanden hast, kannst du die Wörter vergessen. Wo kann ich einen Menschen finden, der die Wörter vergessen hat, so dass ich mit ihm reden kann?« Alte chinesische Denker waren mehr mit den Voraussetzungen von Leben und Bewegung befasst als mit der Fixierung feststehender Wesenheiten. Wenn man diese frühen Philosophen liest, entwickeln die Begriffe eine Dynamik, die man ihnen vorher gar nicht zugetraut hätte, sie geraten in eine Bewegung, die weniger sie selbst als ihre Stellung im Ganzen verändert, so dass das Ergebnis, ähnlich wie bei Augen, die sich an die Sehschärfe einer neuen Brille gewöhnen müssen, ein leichter Taumel ist. Die alten chinesischen Zen-Meister pflegten jemandem, der sie nach dem »Wesen« der Buddha-Lehre fragte, eine Tracht Prügel zu verabreichen.

Man versteht, weshalb Hegel eine nähere Beschäftigung mit China nicht als lohnend empfand. China, so meinte er, entwickelt ja gar nichts selbst, da kann man von ihm auch keinen Anstoß zur eigenen Entwicklung erwarten. Recht und Politik seien diesem Denken nur äußerlich, sie entsprängen nicht geistiger Selbst-Reflexion und hätten daher an der Philosophie der Geschichte im engeren Sinn, wie Hegel sie verstand, keinen Anteil. Geschichtsphilosophisches Spekulieren dieser Art ist aus der Mode gekommen. Doch die Unlust ist geblieben: China scheint mit seiner heutigen Begriffsenthaltung keine Herausforderung des Denkens darzustellen.

Oder liegt vielleicht gerade darin die Herausforderung des Denkens? Die man nur deshalb nicht als solche wahrnimmt, weil sie nicht in das europäische Begriffsschema passt? Wenn die chinesischen Reformer der achtziger Jahre sich nach diesem Schema gerichtet hätten, wäre ihnen niemals die aller gedanklichen Folgerichtigkeit hohnsprechende Einführung der Marktwirtschaft bei gleichzeitiger Fortführung der Herrschaft der Kommunistischen Partei gelungen. Es ist womöglich kein Zufall, dass es in der Geschichte des Kommunismus gerade die chinesische KP war, die zum ersten Mal eine solche Zusammenballung von Gegensätzen unternahm.

Ohne freilich aus dem Paradoxen wiederum ein Prinzip

zu machen. Es ist vielmehr ein ganz praktischer (man könnte auch sagen: zynischer) Sinn für die Notwendigkeiten der Machterhaltung, der die Partei dazu führt, Ansprüche an gedankliche oder begriffliche Konsistenz zumindest zeitweise einzuklammern. Wichtiger als feststehende Begriffe und Ideen erscheint die Bewegung, die für die Realisierung der Notwendigkeiten erforderlich ist; die Ideen haben vor allem die Funktion, den Rahmen abzustecken, in dem sich die Bewegung vollzieht. Das wirkt wie eine machtpragmatische Version der alten chinesischen Philosophie, für die »das Leben« eine wichtigere Kategorie war als »die Wahrheit«. Am Ende sind dann nicht mehr die Wörter der auffälligste Gegenstand einer Beschäftigung mit China, sondern die Bewegungen, in die diese verwickelt werden.

Glücklicherweise war das Feuilleton der *Frankfurter Allgemeinen Zeitung* nie der Meinung, dass nur solche Nachrichten aus China interessant seien, die sich in das Schema irgendwelcher Erwartungen und vertrauten Diskurse fügen. So konnte ich in den gut neun Jahren, die ich als Korrespondent dieser Zeitung in Peking verbrachte, gerade auch jenen Einzelheiten nachgehen, für die keine große Rahmenerzählung zur Verfügung stand und deren Widersprüchlichkeit ich auch nicht auflösen konnte. Wenn ich nun einige der so entstandenen Stücke in bearbeiteter Form in diesem Buch neu zusammenstelle, dann in der Absicht, die Bewegung, in die die Begriffe in China geraten, zu erhalten und nicht zu einer wie auch immer gearteten Theorie festzuzurren. Der Rahmen von miteinander korrespondierenden, aber sich nicht zu einer Gesamterklärung verklumpenden Stichworten entspricht, wie ich hoffe, der offenen, nicht fixierten, in ständiger Bewegung befindlichen Gemengelage, zu der sich China auch in der nicht verschriftlichten Wirklichkeit stets von neuem zusammensetzt.

Chinesische Werte

So etwas wie universelle Werte gibt es doch gar nicht, pflegt Parteichef Xi Jinping gern zu sagen. Aber was soll die Welt für China und die Chinesen dann bedeuten? Warum ist es an der Front der Ideen generell so merkwürdig still in China? Warum erfüllt die chinesische Mittelschicht nicht die westliche Erwartung, dass wachsender Wohlstand das Verlangen nach Demokratisierung stärken werde? Warum zählen verborgene Regeln mehr als geschriebene Gesetze? Und warum landen Leute, die ihr gesetzlich geschütztes Recht auf Petitionen in Anspruch nehmen, so oft im Gefängnis? Die Stichworte des ersten Kapitels beschäftigen sich mit Normen hinter den Kulissen der offiziellen Sprachregelungen, mit dem System hinter dem System.

1. Mainstream
oder: Die Neutralisierung der Ideen

Wenn die Parteizeitung *Global Times* jemanden heruntermachen will, die inhaftierten Dissidenten Liu Xiaobo oder Xu Zhiyong zum Beispiel, muss sie dafür nicht notwendigerweise irgendeinen Gedanken bemühen. Sie braucht weder die Ideen der Regierungskritiker ihrer Falschheit oder Gefährlichkeit zu überführen, noch für das Handeln des Staats eine leitende Idee in Anspruch zu nehmen. Stattdessen kann der Zeitung zur Diskreditierung folgende Feststellung genügen: »Sie haben sich seit langem vom gesellschaftlichen Mainstream Chinas abgesondert und spielten innerhalb der marginalisierten Zone mit dem Feuer.«

Mainstream, auf Chinesisch »zhu liu«, ist, wie in aller Welt, erst einmal eine soziologische Kategorie, die beschreibt, was die meisten denken und tun. Doch dieses beschreibende Wort wird hier und auch sonst gern im offiziellen China als normativer Begriff für das gebraucht, was die Kommunistische Partei als akzeptabel definiert hat – und dies mit unverhohlen drohendem Unterton: Je mehr Macht China erringt, desto totaler werden die Isolation und die historische Verlorenheit derer sein, die sich seinen Bestimmungen nicht fügen. »China wird sich in Zukunft einer noch besseren Entwicklung erfreuen«, schreibt die *Global Times* und folgert daraus: Die Leute außerhalb des Mainstreams »werden weiterhin als Loser betrachtet werden«. Wenn das Blatt vor diesem Hintergrund die westlichen Ehrungen für die Dissidenten als »ideologiegeleitet« charakterisiert, spricht daraus der reine Hohn. Je reicher und mächtiger China wird, soll das wohl heißen, desto mehr kann es auf Ideen und Ideologien schlechthin verzichten, während diese für den Westen die letzte Stütze sein werden.

Perfiderweise ist das gar nicht so unrealistisch. Die Regierung hat in den vergangenen Jahrzehnten nicht bloß eine gut funktionierende Marktwirtschaft installiert. Sie hat in dem Willen, dass sich so etwas wie die Konfrontation auf dem Platz des Himmlischen Friedens niemals wiederholen solle, auch ein System entwickelt, in dem Ideen, welcher Art auch immer, verblüffend erfolgreich neutralisiert sind. Den heutigen Chinesen stehen natürlich, nicht zuletzt durch das Internet, ungleich mehr Ideen, Informationen und kulturelle Ausdrucksmöglichkeiten als den Chinesen in den achtziger Jahren zur Verfügung. Insofern ist die Welt tatsächlich viel flacher für sie geworden.

Als die Chicagoer Post-Rock-Band Tortoise in Peking auftrat, die ihre größte Zeit zu Beginn der neunziger Jahre hatte, als China noch vergleichsweise abgeschottet war, da jubelte das sehr junge Publikum schon nach den ersten Takten jedes einzelnen Stücks; ihm war das komplette Werkverzeichnis der Gruppe durch das Internet gut vertraut. Nicht anders verhält es sich im Kunstmilieu mit allem, was von Berlin bis New York als »zeitgenössisch« gilt, oder bei eher theoretisch Interessierten mit den international geläufigsten Thesen von Žižek bis Piketty: Das heutige China ist auf den ersten Blick so pluralistisch, wie man das von modernen Gesellschaften gewohnt ist, weit mehr jedenfalls, als man das in den achtziger Jahren bei einem kommunistisch beherrschten Staat jemals für möglich gehalten hätte.

Doch ein zweiter Blick zeigt, dass diese Vielfalt der Ideen und kulturellen Praktiken unter einem doppelten Vorbehalt steht: Sie sollen nicht ungeschützt mit ihrer ursprünglichen Energie existentiell berühren und zugleich die Gesellschaft als Ganze betreffen. Diese Mischung hatte sich auf dem Tiananmen-Platz im Jahr 1989 als explosiv herausgestellt. Die achtziger Jahre waren in China eine Zeit des Kulturfiebers, in der nach jahrzehntelanger Abschottung Theorien aus der ganzen Welt und aus der chinesischen Tradition so hitzig diskutiert wurden, als wären sie gerade erst entwickelt worden. Der Idealismus der Studenten, die auf dem Platz des Himmlischen Friedens China noch einmal neu erfinden wollten, als könne man ohne den ganzen Parteifilz mit der Demokratie noch einmal von vorn anfangen, war von diesen Debatten geprägt.

Dass es so etwas überhaupt jemals gegeben hat oder geben könnte, wissen heutige chinesische Studenten noch nicht einmal. Von einhundert Studenten, denen die Journalistin Louisa Lim das berühmte Foto von dem einzelnen jungen Mann vor dem Panzer vorlegte, konnten es 85 nicht zuordnen. Und selbst für die meisten, die es können, zählt es nicht besonders. Dass die Politik der Erinnerungsauslöschung bei jüngeren Leuten so gut funktioniert, hat zur Voraussetzung, dass Ideen und Ideale, die für die Studenten damals eine so entgrenzende, ermutigende Wirkung hatten, sich in ihrer

Bedeutung generell relativiert haben. Wie konnte es dazu kommen?

Am offensichtlichsten sind die fortdauernden, auf Abschreckung zielenden Repressionen gegen Blogger, Bürgerrechtler und Künstler, die angeblich subversiv sind oder auch nur zu viel Wirkung außerhalb der vorgesehenen Kanäle haben. Doch das ist nur die Spitze des Eisbergs. Das chinesische System stellt sich den Ausdifferenzierungen der modernen Gesellschaft nicht nur entgegen, es macht sich diese zum Teil auch zunutze und vermischt sie auf eine schwer zu entwirrende Weise mit den autoritären Strukturen der Partei. Luhmann würde Hören und Sehen vergehen, könnte er noch erleben, mit welcher Perfektion die gegenseitige Abgrenzung der Teilöffentlichkeiten mit ihren Spielräumen und Regeln in China heute reguliert wird.

Die Eigendynamik der Subsysteme wird dabei ergänzt und überformt durch die Anordnungen der sie jeweils überwachenden Behörden: In einem Hochschulseminar sind andere Dinge zu sagen erlaubt als in einem Zeitungsartikel, auf einem Wirtschaftskongress wieder andere als in einer Theateraufführung. Es gibt an den Hochschulen und in regierungsberatenden Institutionen bis hin zur Zentralen Parteihochschule Theoretiker von überraschender intellektueller Kühnheit, deren in geschlossenen Seminaren formulierte Thesen, würden sie in einem unautorisierten Nachbarschaftstreffen geäußert, die Polizei auf den Plan rufen könnten.

Die wichtigste Regel ist, dass sich die Teilöffentlichkeiten nicht miteinander zu einer allgemeinen Öffentlichkeit verbinden dürfen. Als dies bei Weibo, dem chinesischen Twitter, zu geschehen drohte, reagierte der Staat mit einer massiven Einschüchterungskampagne gegen prominente Blogger, was die Zahl der politischen Wortmeldungen auf einen Schlag drastisch reduzierte. Das Internet drohte auch schon die zweite Regel auszuhebeln: dass die wichtigen Diskursteilnehmer institutionell eingebunden sein sollen. Wenn die Intellektuellen in die Bürokratie der Partei, des Staats, der Universitäten oder der Kultureinrichtungen integriert sind, unterstehen sie der Beaufsichtigung der jeweiligen Institution, die sicherstellt, dass sie aus der Eigenlogik und Spezialisierung ihres Segments nicht ausbrechen. Die Botschaft dieser Art Ausdifferenzierung ist: Für sich genommen, zählen Ideen nichts, es gibt nur unterschiedliche Geltungsbereiche, in denen der jeweilige Inhalt einer Idee mit den jeweiligen Machtverhältnissen und Regeln abgeglichen werden muss.

Zugleich durchlaufen die Kulturformen und Ideen, sobald sie in eine größere Öffentlichkeit gelangen, einen zweifachen Filter: Wahrgenommen werden sie dort vornehmlich unter den Aspekten, wie gut sie sich auf dem Markt behaupten können und inwiefern sie der nationalen Macht nützen oder schaden. Auch so etwas ist den Kulturindustrien und Soft-Power-Strategen der westlichen Moderne vertraut. Doch ihre speziell chinesische Färbung erhalten sie durch ihre gegenseitige Verflechtung, ihre Verbindung mit den Direktiven des Parteiapparats und ihre Dominanz.

Wohlstand und Stärke der Nation sind seit mehr als hundert Jahren zentrale Motive der chinesischen Intellektuellen (auch der Demonstranten auf dem Tiananmen) gewesen, doch erst nach 1989 drängten Nationalismus und Kommerz das zuvor gleichfalls omnipräsente Thema der Demokratisierung zusehends in die dafür zuständigen Expertenzirkel ab. Für diejenigen, die in der Ära des leninistisch organisierten Kapitalismus groß geworden sind, sind Geld und Macht dagegen letzte, unüberbietbare, jeglicher Ideologie unverdächtige Kategorien, gewissermaßen der harte Kern der Wirklichkeit. Insofern verbinden sie auch jene Teile des Volkes mit der Regierung, die sonst mit ihr unzufrieden sind, und es ist keineswegs nur die Zensur, die für die Einhaltung der »Kultursicherheit« sorgt und dafür, dass Ideen und Praktiken entweder industriell oder patriotisch sind oder am besten beides. So erklärt es sich, dass es an der Front der Ideen eigenartig ruhig ist in China. An tausend anderen Ecken gärt es und bricht sich der Unmut über Funktionärswillkür, Korruption und Enteignungen in mehr oder weniger großen Zusammenstößen mit der Staatsmacht Bahn. Aber zur Abwehr widerspenstiger Gedanken kann es sich die Propaganda heute ungestraft erlauben, sie mit Verweisen auf ihre Instrumentalisierung durch das Ausland und das, was alle meinen, noch nicht einmal zur Kenntnis zu nehmen.

Diese Immunisierung funktioniert nicht nur für politische Ideen im engeren Sinn. Die zahllosen Gelehrten, die in China mit der Verwaltung des nationalen Erbes befasst sind, haben beispielsweise in den vergangenen Jahrzehnten bei der Aktualisierung und Weiterentwicklung der Tradition kaum ein Ergebnis erzielt, das international wahrzunehmen gewesen wäre. Aus der Angst heraus, im sensiblen Bereich der nationalen Identitätspolitik keinen Fehler zu machen, wurden stattdessen die immer gleichen, starr kulturalistischen Formeln wiederholt, um Ausländern und sich selbst zu erklären, worin der grundsätzliche Unterschied zwischen dem »chinesischen« und dem »westlichen« Denken bestehe. So bleibt China trotz aller Konfuzius-Institute und Soft-Power-Ambitionen seltsam stumm.

2. Kosmopolitismus
oder: »Alles unter dem Himmel«

Das englische Fremdwort »Cosmopolitanism« kam unter chinesischen Intellektuellen während des Ersten Weltkriegs in Mode. Das alte imperiale, sich autark gebende Selbstbewusstsein war dahin – nicht nur wegen des Endes des Kaisertums, sondern vor allem durch die Überlegenheitsdemonstration der europäischen Mächte seit dem neunzehnten Jahrhundert; der Versailler Vertrag, der die deutsche Kolonie Tsingtau nicht, wie von der Bevölkerung erwartet, China zurückgab, sondern Japan zuerkannte, hatte sie noch einmal besonders plastisch vor Augen geführt. Doch der Nationalismus, den viele chinesische Vordenker schon seit Jahrzehnten als Allheilmittel von Europa übernehmen wollten, hatte durch die Greuel des Weltkriegs an Kredit verloren.

So fragten sich die Intellektuellen jetzt weit grundsätzlicher als zuvor: Was bedeutet es überhaupt, »in der Welt« zu leben? Der Reformer Liang Qichao, der eine Reise durch das verwüstete Europa unternommen hatte, plädierte wie viele andere damals für eine Versöhnung von Individualismus, Weltbürgertum und Nation: »Während wir uns unter den Schutz einer bestimmten Nation stellen, sollten wir hoffen, dass die naturgegebenen Talente jedes Einzelnen in der Nation zu ihrer größtmöglichen Verwirklichung kommen, damit zugleich der größtmögliche Beitrag zur Verbesserung der globalen Zivilisation geleistet werden kann.«

Knapp hundert Jahre später hat die Verschränkung Chinas mit der Welt eine Intensität erreicht, die den hochfliegenden Hoffnungen Liangs eine unerwartete Drehung gibt. 47 Prozent derer, die von der wirtschaftlichen Globalisierung des Landes am meisten profitiert haben und ein Vermögen von mindestens 100 Millionen Yuan (gut 12 Millionen Euro) ihr Eigen nennen, erwägen laut einer Untersuchung der China Merchants Bank zu emigrieren; 27 Prozent von ihnen haben für ihre Familie, ihr Geld und ihren eigenen Wohnsitz bereits ein zweites Standbein in Amerika, Australien oder Europa, das sie bei Bedarf rasch zu ihrem ersten machen können. Viele wollen nicht nur sich selbst eine fremde Staatsbürgerschaft sichern, sondern auch der kommenden Generation. Wohlhabende Chinesinnen ziehen es vor, ihre Kinder in Hongkong oder Amerika zu bekommen, wegen der dortigen Kliniken, aber auch wegen des Passes, der den Kindern dann per Geburt zusteht.

Manche gehen noch einen Schritt weiter. Laut einschlägigen Agenturen hat unter reichen chinesischen Familien die

Nachfrage nach amerikanischen Leihmüttern in den letzten zwei Jahren stark zugenommen. Neben konsularischen Beweggründen sind Unfruchtbarkeit und die Umgehung der Ein-Kind-Politik in China die Hauptmotive.

Unterdessen beobachtete der Schanghaier Ideenhistoriker Xu Jilin nach den Olympischen Spielen in Peking, dass manche Theoretiker statt des alten Begriffs »Kosmopolitismus« lieber die neue Wortprägung »Neuer Weltismus« verwenden, worunter sie ein ökonomisch, militärisch und kulturell kraftvolles Auftreten Chinas in der Welt verstehen. Doch die Stärke der chinesischen Nation scheint nicht einmal denen, denen sie Reichtum ermöglicht, so viel »Schutz« zu gewähren, dass sie ihre Talente in ihr verwirklichen wollen oder können, von der »Verbesserung der globalen Zivilisation« ganz zu schweigen.

Die erste Frage der Intellektuellen von 1919 hat die Kommunistische Partei Chinas, die deren Erbe beansprucht, beantwortet: wie der chinesische Staat inmitten einer von westlichen Mächten dominierten Welt überleben kann. Doch die darin enthaltene Frage ist so offen wie damals: was die »Welt« für China und die Chinesen bedeuten kann, wofür China mit seiner wachsenden Macht stehen will. Anders als die europäischen Nationen, die die Welt zuerst kolonialisierten und dann zusammen mit Amerika die heutigen internationalen Institutionen geschaffen haben, scheint China am Konzept einer Welt als Ganzer gar nicht interessiert zu sein, durch die es sein unmittelbares Eigeninteresse relativieren könnte.

So wie sich das Land ausländischen Unternehmen nur so weit öffnet, wie ein direkter Nutzen dabei herausspringt – und nicht etwa, weil es sich mit der Idee eines offenen globalen Marktes identifizierte –, spielt auch in seiner Außenpolitik die Vorstellung einer »Weltgemeinschaft«, für die ihm der Westen vermehrte Verantwortung ansinnt, keine große Rolle. Die stets wiederholte Auskunft Chinas lautet, dass sich das ändern würde, sobald die Welt-Institutionen entsprechend

Chinas Vorstellungen geändert werden würden – doch worin diese Vorstellungen bestehen könnten, bleibt ganz unklar, sieht man von den partikularen Motiven des ökonomischen Eigennutzes und des Machterhaltungsinteresses der regierenden Partei ab.

Zum Schutz seines politischen Status quo verficht China auch nicht die Idee einer Weltöffentlichkeit, sondern beharrt darauf, innerhalb des ursprünglich entgrenzenden Internets Mauern einzuziehen. Das so zustande kommende chinesische Intranet ist kein geschlossenes System, da dem, der sich mit Fremdsprachen und Proxyservern auskennt, die ausländischen Websites weitgehend offenstehen, auch die gesperrten. Doch für den weitaus größten Teil der Bevölkerung funktioniert es wie eine komplette Parallelwelt, in der die Funktionen der global agierenden amerikanischen Anbieter von Google bis Facebook durch einheimische, der einheimischen staatlichen Kontrolle unterworfene Firmen übernommen werden.

Überhaupt bemüht die Partei zur Rechtfertigung ihres Systems keine universell kommunizierbaren Gründe, sondern belässt es bei dem Hinweis auf spezielle »chinesische Charakteristiken«, die aber nicht weiter erläutert werden. Der »Chinesische Traum«, den Präsident Xi Jinping zu einer emotionalen Duftmarke seiner Regierung gemacht hat, ist trotz seines universellen Appeals bislang ohne Inhalt geblieben. Auch der Kommunismus ist für die heutigen chinesischen Kommunisten keine internationalistische Idee, sondern vor allem eine Organisationsform zum Machterwerb und Machterhalt mit der dazugehörigen tradierten ästhetischen Folklore. Und um sich von westlichen Infiltrationen abzusetzen, hatte Xi knapp beschieden, »so etwas wie universelle Werte« gebe es doch gar nicht. China scheint nicht aufgrund von im Voraus festgelegten Konzepten agieren zu wollen – und sei es dem der »Welt« –, sondern bloß nach Maßgabe seiner Interessen. Wie China die Welt umgestalten will, wird daher vermutlich auch China selbst erst wissen, wenn die Zeit seiner Vormachtstellung gekommen ist.

Der Philosoph Zhao Tingyang von der Chinesischen Akademie für Sozialwissenschaften hat einige Aufmerksamkeit mit seinem Vorschlag erregt, die alte chinesische Selbstbeschreibung »Alles unter dem Himmel« (tian xia) auf die heutigen globalen Beziehungen anzuwenden und die Welt auf diese Weise nicht mehr von unten, also den einzelnen Nationen her, zu denken, sondern vom alles überwölbenden Kosmos und einer ihn repräsentierenden Zentralinstitution. Wenn die gegenwärtigen Lenker des Landes etwas Ähnliches im Sinn haben sollten, scheint ihnen vor allem der imperiale Teil der Begriffsgeschichte mit seinem die barbarischen Völker integrierenden Tributsystem vorzuschweben. So ließen sich jedenfalls die zahlreichen »Weltgipfel« interpretieren, die die chinesische Hauptstadt in den letzten Jahren veranstaltet, sei es für Medien, Nichtregierungsorganisationen oder auch Toilettenfachleute. Doch »tian xia« fungierte auch schon vor der Gründung des durchorganisierten Zentralstaats durch den ersten Kaiser als Selbstbeschreibung, und in dieser Phase weist sie eher auf die eigentümliche Ambivalenz eines weder durch Grenzen noch durch bestimmte Merkmale eingegrenzten kulturellen Selbstbewusstseins hin.

Kulturell ist Peking ebenso wie die anderen chinesischen Metropolen heute durchsetzt von den Techniken, Moden und Zeichen der westlichen Welt. Angefangen von der kühnen Modernität des Flughafens Norman Fosters, der traditionelle chinesische Elemente bloß als Zitate integriert, über die Übermacht teurer deutscher Autos auf den Straßen, die zahllosen Filialen amerikanischer Café- und Imbissketten, die Bier- und Schokoladenmarken im Lebensmittelladen, die englischsprachigen Durchsagen im Bus, die Kaukasier im Arztkittel auf den Werbeplakaten für Zahnkliniken, die Hollywoodfilme in den Multiplexkinos bis hin zu den von westlichen Sendern übernommenen Realityshows und den

Übertragungen der Bundesliga im Fernsehen: Eine solche Durchdringung mit den Attributen einer sehr verschiedenen Zivilisation, die in den vergangenen Jahrzehnten mit einzigartiger Geschwindigkeit und Radikalität ins Werk gesetzt wurde, hätte andere Kulturen möglicherweise in ihrem Selbstbewusstsein erschüttert – die chinesische hat sie eher gestärkt.

Das Talent, sich alles Fremde einzuverleiben, das China schon beim Buddhismus oder bei seinen aus der Mongolei stammenden Herrschern zur Geltung gebracht hat, scheint erfolgreich alle Differenzerfahrungen zu neutralisieren: Nie dauert es in China lange, bis die Gewöhnung dasjenige, was eben noch ausländisch war, als chinesisch erscheinen lässt. Dazu mag auch die traditionelle Abwesenheit jeglichen Kultur-Essentialismus beitragen. Wie die China-Restaurants in aller Welt dokumentieren, neigen Chinesen dazu, das »Chinesische« von der Nachfrage abhängig zu machen, statt es in einer vermeintlichen Authentizität definieren zu wollen. Dadurch öffnet sich das Eigene für jegliche Ergänzungen von außen.

Selbst in den größten chinesischen Metropolen freilich werden Ausländer außerhalb der Ausländerdistrikte immer noch häufig angestarrt wie Wesen von einem anderen Stern. Freunde, Kollegen, Kinder und Eltern machen sich gegenseitig auf die Erscheinung aufmerksam und murmeln vielsagend: »Ausländer!« Das ist meistens nicht ressentimentgeladen, noch nicht einmal unfreundlich gemeint, aber doch ein Ausdruck des Bedürfnisses, sich immer wieder der Differenz zu vergewissern. Nicht die kulturellen Zeichen, wohl aber die Menschen von außerhalb bleiben ein Kuriosum, dessen Ursprung man nicht vergisst.

3. Mittelschicht
oder: Die Illusion
der Unverletzlichkeit

Wer noch die Bilder vom menschenübersäten Tiananmen-Platz im Kopf hatte, wo im Frühjahr 1989 Hunderttausende Studenten Gerechtigkeit und Demokratie forderten, musste durch die Szenen, die 2011 aus der nordchinesischen Küstenstadt Dalian durch die Welt gingen, elektrisiert sein. Man sah da Tausende junge Leute durch von Luxusboutiquen gesäumte Straßen ziehen, um sich schließlich auf einem Platz vor dem monumentalen Gebäude der Stadtregierung niederzulassen. Fäuste wurden gen Himmel gereckt, Transparente hochgehalten, die verkündeten:»Wir wollen leben! Gebt uns unser Dalian zurück!«

Die Sache ging besser als 22 Jahre zuvor aus. Noch während der Demonstration kletterte der Sekretär der örtlichen Kommunistischen Partei auf die Ladefläche eines Krankenwagens und erklärte den Massen, dass er auf ihre Forderungen eingehen werde. Woraufhin diese nach und nach verschwanden und nicht wiederkehrten.

Anders als 1989 ging es nicht ums politische System, sondern um ein Chemiewerk, dessen Stilllegung die Demonstranten forderten. Ein Taifun, der kurz zuvor über die Stadt hinweggefegt war, hatte Befürchtungen geweckt, dass austretendes Paraxylen – eine Substanz, die bei der Herstellung von Polyester verwendet wird – das Meerwasser verseuchen und das Leben der sechs Millionen Einwohner Dalians unmittelbar bedrohen könnte. Diese Befürchtungen wuchsen durch eine opake Informationspolitik, wie sie Chinesen nur zu vertraut ist, ins Unermessliche. Trotz staatlicher Zensurversuche verbreitete sich die anonyme Aufforderung, sich am Samstag, dem 14. August, um zehn Uhr mittelchinesischer Sommerzeit am Platz des Volkes einzufinden, über Sina Weibo, das chinesische Twitter, Baidu, das chinesische Google, und Renren, das chinesische Facebook, in Windeseile. Mindestens zwölftausend Menschen kamen.

Was China in den letzten beiden Dekaden erlebt hat, ließe sich anhand dieser Demonstranten erzählen, die von ihrem äußeren Erscheinungsbild her viel Ähnlichkeit mit den Studenten von früher aufwiesen. Wieder waren die meisten jung, sie trugen legere Sommerkleidung. Dass sie nun auch schicke Sonnenbrillen hatten und Handys, mit denen sie telefonierten und Fotos machten, mag nicht viel bedeuten. Wie früher schwenkten sie die Landesflagge und sangen die Nationalhymne und andere patriotische Lieder. Aber sie wirkten auf eine andere Weise selbstbewusst.

Die Protestierer von 1989 waren Studenten, die sich als intellektuelle Repräsentanten ganz Chinas verstanden und sich damit in die traditionelle Rolle des gelehrten Beamten fügten, der dem Fürsten die Meinung sagt; ihre soziale Stellung war zwischen anfangender Marktwirtschaft und einer weitgehend noch kollektiv organisierten Gesellschaft ungewiss, zumal Inflation und Arbeitslosigkeit gerade rapide anstiegen. Die neuen Protestierer sind dagegen die Repräsentanten einer sozialen Klasse, die es damals noch gar nicht gab und die vom wirtschaftlichen Aufstieg Chinas wie kaum eine andere profitiert hat. Sie gehören zur chinesischen Mittelschicht – einer Gruppierung also, die zu internationaler Berühmtheit nicht zuletzt wegen der weitgehenden Übereinstimmung mit einem Verbrauchermarkt gelangte, der für westliche Unternehmen und zumal deutsche Autohersteller immer wichtiger wird.

Zurzeit wird diese Schicht auf dreihundert Millionen Menschen, also 23 Prozent der chinesischen Gesamtbevölkerung geschätzt, aber laut einer McKinsey-Berechnung soll sie bis 2025 auf mehr als sechshundert Millionen anwachsen, etwa 40 Prozent der Gesamtbevölkerung. Sie ist weniger durch ein bestimmtes Einkommen definiert als durch ihren städtischen, von Eigentumswohnung, Auto und Urlaubsreisen ge-

prägten Lebensstil, den ihr ein gehobener Angestellten-
oder Beamtenstatus ermöglicht.

Über diese Schicht kursieren im Westen zwei gegenläu-
fige Theorien. Der einen zufolge hat das gut und immer besser verdienende China mit dem Regime eine Art faustischen
Pakt geschlossen: Es tauscht die Möglichkeit, reich zu werden, gegen sein Stillhalten und Wohlverhalten. Diese Theorie wirkte angesichts eines zunehmend kritischen Geists gerade im Internet schon seit langem zumindest unvollständig.
Jetzt aber wird sie durch den Massenprotest von Dalian und
den landesweiten Unmut, den kurz zuvor der Zusammenstoß zweier Hochgeschwindigkeitszüge erregt hatte, direkt
widerlegt.

Die andere Theorie verspricht sich dagegen von der Mittelschicht den entscheidenden Anstoß zur Demokratisierung
des Landes. Ausgehend vom Beispiel Taiwans und Südko-
reas geht die Theorie von einer kritischen Masse an Durch-
schnittseinkommen aus, die sie bei 5000 bis 10 000 Dollar
jährlich ansetzt, von der an das Verlangen nach politischer
Partizipation unabweisbar werde. Stimmt das? Kann man
die jüngsten Unruhen als Vorboten einer Demokratisierung,
einer funktionstüchtigen Zivilgesellschaft in China verstehen?

Oder markieren die Proteste möglicherweise weniger einen Anfang als ein Ende – ein vorläufiges Ende der Hoffnungen, mit denen sich die chinesische Mittelschicht seit dem
Aufbau des Kapitalismus in den neunziger Jahren konstitu-
iert hat? Die Geschwindigkeit, mit der die junge Intelligenz
nach der blutigen Niederschlagung der Studentenbewegung
von 1989 ihre Träume wechselte und sich den ihr von Deng
Xiaoping eröffneten Möglichkeiten des Marktes hingab, lässt
sich schwer verstehen, wenn man hinter dem einen wie dem
anderen Vorgang nicht ein gemeinsames Trauma ausmacht:
das der Kulturrevolution, bei der die totale Verfügbarkeit des
Einzelnen fürs Kollektiv ihren Höhepunkt erreichte.

Die Demonstranten von 1989 wollten das Trauma überwinden, indem sie China als Ganzem ein neues, demokratisches Vorzeichen zu geben versuchten. Insofern waren sie tatsächlich Nachfahren sowohl der 4.-Mai-Bewegung von 1919, die China durch Wissenschaft und Demokratie aus seiner nationalen Demütigung herausführen wollte, als auch der Kommunisten, die diesem Modernisierungsverlangen eine leninistische Organisationsform gaben. Es war das bisher letzte Mal, dass in China der Traum eines gesamtgesellschaftlichen Subjekts geträumt wurde.

Das Signal, das die Partei durch das Massaker und die kurz darauf folgende Marktradikalisierung aussandte, war: Solche Versuche, mit der Partei auf deren eigenem Feld konkurrieren zu wollen, sind zum Scheitern verurteilt. Stattdessen offerierte sie eine bei kommunistischen Parteien bislang nicht gesehene alternative Möglichkeit, ihrer Willkür zu entkommen: sich mit ihrer Hilfe einen privaten Raum zu schaffen, in dem man sich vor ihren Zumutungen sicher fühlen kann.

Dieses paradoxe Angebot, welches das System bewahrt, ohne die für eine Wirtschaftsentwicklung notwendige Dynamik zu ersticken, kann als das eigentliche Gründungsabkommen der chinesischen Mittelschicht bezeichnet werden. Der größte Einfluss, den diese Schicht auf die Gesellschaft nimmt, besteht in der fortlaufenden Erzeugung segmentierter, gegeneinander abgeschotteter Räume, in denen sie ein eigenes Leben jenseits der Begrenzungen des politischen Systems leben zu können hofft. Die idealtypischen Vertreter dieser Schicht wohnen in Eigentumswohnungen, die sich in einer durch Mauern und Wachpersonal gegen die Welt draußen geschützten Siedlung befinden. Sie fahren in Wagen häufig deutscher Provenienz, deren abgedunkelte Scheiben Blicke von außen abweisen, überproportional häufig sind auch schwere höhergelegte Jeeps, die sich wie Kampfmaschinen durch die Stadt bewegen.

Die Repräsentanten dieser Schicht simulieren die Gesellligkeit einer Stadt in wiederum gut bewachten Einkaufszentren mit Plätzen, Terrassen und Springbrunnen, an denen man flanieren, sich niederlassen und Feste feiern kann, alles unter der verlässlichen Obhut bekannter Markenunternehmen – während die Stadt draußen, die allen gemeinsam ist, als bloßer Transitraum zwischen Arbeits-, Konsum- und Wohnräumen betrachtet wird, als ein Nicht-Ort, den man so rasch wie möglich zu durchqueren und so wenig wie möglich zur Kenntnis zu nehmen sucht. Die einzigen wirklich öffentlichen Räume innerhalb der Stadt sind deshalb die Parks, in denen sich Angehörige potentiell aller Schichten und Generationen treffen, faktisch allerdings überwiegend Kinder und Rentner, Menschen also, die noch nicht oder nicht mehr in die Kämpfe der Mittelschicht einbezogen sind.

Womöglich spielt das Misstrauen gegen alles Öffentliche auch eine Rolle bei der Zurückhaltung, die große Teile der Mittelschicht gegenüber universellen Werten pflegen. In einer durchaus widersprüchlichen Bewegung wird das Zutrauen, das man sonst nur gegenüber den selbstgestalteten eigenen vier Wänden empfindet, auf die Nation übertragen, die den Rahmen des eigenen Fortkommens bereitstellt. So ist es zu erklären, dass selbst manche ehemalige Teilnehmer der Studentendemonstration von 1989 den Begriff »Menschenrechte« heute als heuchlerische Idiosynkrasie des Westens bezeichnen und sich lieber auf die Stärkung der eigenen Nation gegen die Machenschaften der übrigen Welt verlassen.

Darin spiegelt sich die in sich widersprüchliche Ausgangslage, dass als Schutzherr des selbstverständlichsten und natürlichsten aller Bedürfnisse, ein eigenes Leben zu leben nämlich, in China ausgerechnet die Partei auftritt, gegen deren Anmaßungen sich dieses Leben schützen will. Manche treiben das Paradox dadurch auf die Spitze, dass sie bei ihrem Verlangen nach Privatheit direkt den Beistand des Kollektivs suchen. Auch wenn große Teile der Wirtschaft privatisiert wurden, sind die besten Investitionsmöglichkeiten, Geschäftsbeziehungen und Jobs doch kaum ohne das Netzwerk der Partei zu bekommen, das eben nicht nur einen politischen, sondern auch einen kommerziell-gesellschaftlichen Komplex darstellt. Die Partei rekrutiert ihren Nachwuchs heute vor allem aus Studenten, die sich vor dem Eintritt ins Berufsleben bei ihr bewerben; sie nimmt selbstverständlich nur die Begabtesten. Faktisch hat sich die Vorhut der Arbeiterklasse zu einer Avantgarde der Mittelschicht entwickelt.

Nun aber scheint sich diese Klasse ihres Lebens- und Karrieremodells unsicher zu werden. Immer vernehmlicher und in immer kürzeren Abständen gibt sie ihren Unmut über Missstände kund, die eines gemeinsam haben: Sie entlarven die Geschütztheit des abgeschotteten Eigenraums, den sich diese Schicht mit so viel Arbeit, Fleiß und Geld errichtet hat, als Illusion. »Wenn ein Land so korrupt ist, dass ein einziger Blitzschlag Züge zusammenstoßen lassen kann«, schrieb ein Mikroblogger nach dem Zugdesaster von Wenzhou, bei dem 2011 vierzig Menschen ums Leben kamen, »wenn ein Lastwagen genügt, um eine Brücke zum Einsturz zu bringen, und schon die Einnahme von ein paar Tüten Milchpulver zu Nierensteinen führt, bleibt niemand von uns verschont.«

Vor allem der Zusammenstoß von Wenzhou führte zu einer öffentlichen Infragestellung staatlicher Institutionen, wie sie China bislang noch nicht erlebt hat. Zum Hauptstein des Anstoßes wurden die ausweichenden und widersprüchlichen Reaktionen des Eisenbahnministeriums – Vertuschungsversuche, die jeder Chinese seit seiner Schulzeit kennt.

Kritik und Verbitterung tobten sich nicht nur beim Mikrobloggerdienst Sina Weibo aus, sondern trotz der Mahnungen der Propagandaabteilung der Partei auch bei staatlichen Medien und sogar der amtlichen Nachrichtenagentur Xinhua. »Die Menschen der Mittelschicht«, so schreibt der unabhängige Publizist Chang Ping, »sind zu der Feststellung erwacht, dass sie am Ende nicht immun sind: Es gibt keinen

Ort, wohin sie flüchten können; Geld vermag viel, aber es kann kein sicheres Leben auf dem Festland garantieren.«

Vor diesem Hintergrund werden viele der vertrauten Rahmenbedingungen brüchig. Das »Stabilitäts«-Versprechen der Regierung bekommt eine bedrohliche Ambivalenz: Es verheißt nicht nur den Schutz der Sicherheit, um derentwillen die Mittelschicht die Regierung bislang unterstützt hat, es kann auch die Bewahrung eines Status quo der Korruption bedeuten, der die Sicherheit gerade untergräbt. Auch das Internet spielt als Katalysator eine bezeichnende Doppelrolle. Auf der einen Seite ist die Virtualisierung ein Teil des Mittelschichtenversuchs, sich in Sonderwelten zu separieren. Auf der anderen Seite kann sie sonst unzugängliche Informationen darüber liefern, wie das Ganze, in dem man sich bewegt, funktioniert. Werden Vorfälle wie in Wenzhou oder in Dalian also dazu beitragen, dass die Mittelschicht künftig über ihren eigenen Tellerrand hinausschaut, zu strukturellen Fragen vorstößt und sich politisiert?

Bislang gab es dafür kaum eindeutige Anzeichen. Für die prekäre Situation von Wanderarbeitern zum Beispiel, die in den Städten, in denen sie sich verdingen, kein vollgültiges Aufenthaltsrecht haben, hat sich die Mittelschicht bislang kaum interessiert. Die großen Skandale der letzten Monate erschöpften sich in der Entrüstung über politisch grundierte Vetternwirtschaft, gelangten aber nicht zu weitergehenden Lösungsansätzen. Als in Xi'an der Musikstudent Yao Jiaxin eine fast gleichaltrige Frau aus kleinen Verhältnissen anfuhr und dann aus Angst vor Entdeckung erstach, hatte die landesweite Öffentlichkeit wochenlang nichts Dringlicheres zu tun, als die Todesstrafe für ihn zu fordern; da der Vater des Studenten beim Militär arbeitete, nahm man sofort – und voreilig, wie sich später herausstellte – höchste Verbindungen des politisch-militärischen Komplexes an, die den Mörder schützen würden.

Tatsächlich wurde der junge Mann exekutiert, und man

sprach allseits von einem »Sieg der öffentlichen Meinung«; die Todesstrafe selbst als Ausdruck eines Teufelskreises der Gewalt stellte kaum einer in Frage. Eine der wenigen kritischen Stimmen war die des Bloggers »Civilized-Cyber-Cafe«: »Tötet Yao! So dass wir unseren Ärger in unserem Leben und gegenüber dem Staat lindern können, tötet Yao! Wir kümmern uns nicht darum, ob das unserem Land hilft, alles was wir wollen, ist, Yao zu töten. Tötet Yao! Wir kümmern uns nicht darum, ob das unser Rechtssystem verbessern kann, alles, was wir wollen, ist, Yao zu töten!«

Etwas später machte »Guo Meimei Baby« von sich reden, die wie so viele andere im Internet mit ihrem aufwendigen Lebensstil zwischen orangem Lamborghini und weißem Maserati protzte. Was die Wellen hochschlagen ließ, war jedoch der Umstand, dass sie sich zugleich als eine Geschäftsführerin beim Chinesischen Roten Kreuz, einer Regierungsorganisation, vorstellte. Manche wollten sie später als Mätresse eines Rotkreuz-Angestellten entlarvt haben, jedenfalls gab der über Wochen hin das Internet beherrschende Fall dem ohnehin weitverbreiteten Verdacht, Spenden würden in China systematisch veruntreut, neue Nahrung.

So ist die Mittelschicht desillusionierter denn je, nicht nur über die Regierung, sondern auch über ihre eigene Rolle. Der populäre Blogger Ran Yunfei konstatierte in einem Eintrag »das Vorherrschen von Zynismus und vulgärem Pragmatismus. China ist eine Gesellschaft, deren Angehörige sich böse Dinge antun.« Es bleibt offen, ob sich die Mittelschicht zu einer Zivilgesellschaft weiterentwickelt, deren Bürger sich als Teil eines Gemeinwesens verstehen, oder ob sie sich weiter einkapselt und ins reine Ressentiment abgleitet.

4. Verborgene Regeln
oder: Das System hinter dem System

Ein unterschätztes Unterscheidungsmerkmal zwischen innen und außen, zwischen chinesischer und nichtchinesischer Perspektive betrifft die Bedeutung, die schriftlichen Regeln beigemessen wird. Ausländer neigen dazu, öffentlich erklärte Regeln wie zum Beispiel die Verfassung, die Gesetze oder sonstwie fixierte Normen beim Nennwert zu nehmen, selbst dann, wenn sie deren fortgesetzte Verletzung beklagen; sie fordern dann, dass sich die defizitäre Realität den Regeln anpasst. Chinesen sehen dagegen in allem, was offiziell proklamiert wird, schon von vornherein dessen Relativierung eingebaut. Von Kindesbeinen an rechnen sie damit, dass es noch eine zweite normative Ebene gibt, zu der sich niemand öffentlich bekennt, die aber niemand missachten darf, der etwas in der Wirklichkeit erreichen will. Jeder weiß – um ein Beispiel aus der Basisdemokratie auf dem Lande zu nehmen, von der die Parteipropaganda häufig spricht –, dass der gewinnbringende Posten eines Dorfvorstehers gern durch gezielten Stimmenkauf erworben wird. Oder dass eine Schule Prüfungsergebnisse so lange manipuliert, bis eine ausreichende Zahl von Absolventen das Examen besteht und die Schule selbst gegenüber den Schulämtern gut dasteht. Chinesen, die, so wie »Ausländer« das tun würden, bei chinesischen Behörden auf die Einhaltung von Gesetzen pochen, werden nicht selten unlauterer Motive bezichtigt: Offensichtlich spielten sie bloß Theater, um feindliche Kräfte im Westen zu beeindrucken; als Chinesen müssten sie ja Bescheid wissen. Ausländer werden dagegen lieber nicht korrigiert.

Im Lande selbst gibt es einen eigenen Begriff dafür, der es zur stehenden Redewendung gebracht hat: »verborgene Regeln«. Der Erfinder des Ausdrucks ist Wu Si, ein zurückhaltender, ernst dreinblickender Mann, der so aussieht, als komme er direkt aus den Achtzigern, als Intellektuelle ihre

Energie in Grundsatzdebatten steckten und Fragen des Markenstylings für eher unwichtig hielten.

Als Historiker hat Wu Si über ein Strukturmerkmal der Ming- und Qing-Dynastie geschrieben, dem er den Namen »verborgene Regeln« gab, dessen durchschlagende Wirkung beim Publikum aber daher rührte, dass da im historischen Gewand unzweifelhaft von der Gegenwart die Rede war. Das Buch wurde zuerst verboten, darf aber seit 2009 wieder erscheinen. »Verborgene Regeln« ist nicht als neutrale Beschreibung gemeint; von vornherein ist das Wort negativ konnotiert, weil die Regeln, um die es da geht, bewusst versteckt werden.

»Es handelt sich um ein kompliziertes System«, sagt Wu Si mit leiser, aber bestimmter Stimme. Er wählt als Beispiel die Steuern. Offiziell galt für Bauern in früheren Jahrhunderten ein Steuersatz von 3,3 Prozent auf Boden und Ernte. Doch jeder wusste, dass die Wirklichkeit eine andere war. Die kaiserlichen Beamten, die die Steuern eintrieben, nahmen viel höhere Abgaben von den Bauern. Einen Teil dieser Zusatzeinnahmen verwendeten sie, um ihre Posten auf Dauer abzusichern: Sie mussten die Fürsprecher, denen sie das Amt verdankten, die Vorgesetzten, von deren Gnade sie abhingen, und die Kollegen, deren Verrat zu fürchten war, durch Zuwendungen günstig stimmen.

So setzte sich das System immer weiter nach oben fort. Da die einträglichen Posten verkauft wurden, obwohl die Ämter unter den Beamten eigentlich alternieren sollen, mussten sich auch die, die über die Vergabe der Posten entschieden, schützen, indem sie jene bezahlten, die über ihr eigenes Amt bestimmten. Wenn der Kaiser misstrauisch wurde, schickte er Gefolgsleute zur Überprüfung; aber auch die, sagt Wu Si, wurden häufig gekauft.

Die Korruption wird also weniger als individuelles Verhalten beschrieben denn als Sich-Einfügen in eine gesellschaftliche Konvention, die nicht weniger allseits bekannt war als das normative Regelwerk, das sie hinterging. Das kollektive Bewusstsein ließ die Welt der Gesetze und die Welt von deren Übertretung unverbunden nebeneinander bestehen. So wurde in der Qing-Zeit ein System von Bezeichnungen für die verschiedenen Zuwendungen entwickelt, die man aus Anlass von fünf Ereignissen im Jahr (Frühlingsfest, Mondfest, Drachenbootfest, Geburtstag des Beamten, Geburtstag seiner Frau) mit öffentlicher Billigung vornehmen konnte. Die Autorität der Moral, die bloße Bestechung unstatthaft findet, wurde nicht angetastet.

»Der Kern des heutigen Systems ist eigentlich der gleiche wie der des alten«, sagt Wu Si. Er will es nicht als Hauptziel der Partei in ihrer Kampfzeit gelten lassen, dass sie mit der Korruption aufräumen wollte: »Das Ziel der Partei war, eine Gesellschaft aufzubauen, in der das Proletariat die Macht hat. An die Stelle des Kaisers trat die Partei.« Einige »verborgene Regeln«, die der persönlichen Bereicherung dienten, wurden zwischenzeitlich abgeschafft, aber kaum dass wieder ein individuelles Wirtschaften zugelassen wurde, traten sie abermals in ihr Recht.

Heute benutze man statt der vielfältigen Umschreibungen von früher ein einfaches Wort dafür: rotes Täschchen, *hongbao*, der Umschlag, in dem die Loyalität sichernde Zuwendung steckt. Das System könne wie früher als ein »Beamten-Eigentums-System« bezeichnet werden. Zwischen der Staatsspitze und dem Volk steht eine ausgedehnte Hierarchie, die sich bei ihrem Bestreben, das Beste für sich herauszuholen, gegenseitig stützt und deckt.

Die große Leistung des Historikers Wu Si besteht darin, die damit einhergehende Bewusstseinsspaltung ihrerseits ins Bewusstsein zu heben. Westliche Leser könnten durch Wu Si, wenn sein Buch einmal in eine westliche Sprache übersetzt würde, lernen, dass die jetzige Lage Chinas Ursachen hat, die über die Parteigeschichte weit hinausreichen. Für Chinesen aber erhellt es über die Vergangenheit die Befangenheiten der Gegenwart. Mittlerweile ist der chinesische Ausdruck für »verborgene Regeln«, *qian guize*, so populär geworden, dass er sogar in Alltagsgesprächen seinen Platz findet. Wer davon spricht, dass eine Schauspielerin »qian guize« wurde (eine Konstruktion, die grammatisch nur im zwischen Substantiv und Verb oft nicht unterscheidenden Chinesisch möglich ist), meint, dass sie mit dem Produzenten schlafen musste, um eine Rolle zu bekommen.

Aber natürlich reicht die Bewusstwerdung nicht, um die Realität der »verborgenen Regeln« aufzulösen. Dazu hält Wu Si Demokratie, Recht und Transparenz für nötig. Die Leute unten, vor allem die Bauern, müssten die Möglichkeit bekommen, ohne große Kosten gegen das unrechtmäßige Verhalten von Beamten zu klagen. Bisher seien die Gerichtskosten zu hoch. Sie müssten Unrecht durch die Medien öffentlich machen können. Sie müssten sich bei Abgeordneten ihres Bezirks beschweren können, statt fruchtlose Petitionen in Peking einzureichen. Es müsse eine funktionierende Gewaltenteilung geben.

5. Petition
oder: Die planmäßige Herstellung von Fiktionen

Tief im Inneren der chinesischen Herrschaft und zugleich offen vor aller Augen nistet ein System, das mit den Gesetzen und der Logik der Welt draußen wenig zu tun hat. Die Außenstelle dieses Systems liegt unweit des Yongding Tors im Pekinger Süden, es ist die für die Öffentlichkeit zugängliche Abteilung des »Staatsamts für Briefe und Besuche«. Das Gebäude sieht so unauffällig wie die taubengrauen modernen Wohnanlagen in seiner Nachbarschaft aus. Ein paar Uniformierte mit roter Armbinde stehen vor der Einfahrt, und in der Umgebung parken Autos, vollbesetzt mit kräftigen jungen Männern, die den Straßenabschnitt nicht aus dem Auge lassen.

Hundert Meter weiter hockt und sitzt eine lange Reihe von Männern und Frauen am Rand des Bürgersteigs. Einige haben den Kopf zwischen den Beinen vergraben, andere starren konzentriert auf Blätter mit Telefonnummern. Viele haben gegerbte, braungebrannte Gesichter, das Erkennungszeichen, das die chinesische Landbevölkerung von den blassen Stadtbewohnern unterscheidet. Wenige sagen etwas, eine angespannte, fast benommene Atmosphäre hüllt die Szene ein. Nur eine kleine alte Frau in bunter folkloristischer Tracht stößt Klagelaute aus und schlägt dazu in monotonem Rhythmus eine Glocke an.

Das sind die Bittsteller, die aus dem ganzen Land nach Peking kommen, um gegen die Behörden ihrer Heimatorte ihr Recht einzufordern. Nach außen hin verwaltet das Amt ein Petitionssystem, wie es als vormoderner Ersatz einer funktionierenden Gewaltenteilung in der chinesischen Geschichte und in der Geschichte vieler anderer Staaten schon häufig existiert hat, zuletzt etwa in der DDR. Doch was das gegenwärtige China daraus gemacht hat, dürfte ein Unikum sein: ein Mechanismus, der seine eigene Aufhebung gleich mit enthält.

Nach außen hin hat jeder Bürger der Volksrepublik das Recht, sich über die Amtsführung von Funktionären zu beschweren und sein Recht außerhalb der gewöhnlichen Gerichtsbarkeit und Administration zu suchen. Eine eigene Verwaltung ist dafür zuständig, die auf allen Regierungsebenen, von der Kreisstadt über die Provinz bis zur Hauptstadt, Ämter unterhält. Doch zugleich weiß jeder, dass die Petitionen nicht bloß eine niedrige Erfolgsquote haben – eine Untersuchung der Chinesischen Akademie für Sozialwissenschaften setzt sie bei 0,2 Prozent an –, sondern sogar aktiv von Regierungsstellen unterer Ebenen mit oberster Billigung unterminiert werden. Eine Zeitschrift immerhin der amtlichen Nachrichtenagentur Xinhua zählte 2010 in Peking 73 »schwarze Gefängnisse«, in denen Petitionäre festgehalten werden, damit sie ihre Gesuche nicht weiterverfolgen; 27 davon waren als Hotels registriert. Auftraggeber der völlig widerrechtlichen Festnahmen sind die Provinz- und Stadtregierungen, die von den Petitionen betroffen sind.

Diese aberwitzige Konstellation wird regelmäßig von Bloggern und sogar von Parteimedien kritisiert. Doch das Eigenartige ist, dass sie sich offenbar nicht abschaffen und nur unter größten Schwierigkeiten verändern lässt. Gegenüber dem Amt wird am Kanal gerade eine repräsentative Uferpromenade gebaut. Im Windschatten eines Kiosks, in dem es Sonnenbrillen, Kekse, Zigaretten und Nudelsuppen gibt, beugen sich, uneinsehbar von außen, drei stämmige Männer und eine Frau über eine Unterschriftenliste. Ein untersetzter Mann mit nicht ganz gut sitzendem Anzug und bescheidenem Gesicht, der eben noch im Schatten gehockt hatte, spricht den sich umguckenden Ausländer an. Er komme schon seit sechs Jahren hierher, aber die Leute arbeiteten hier nicht richtig, sagt er mit bedauerndem Kopfschütteln. Er war bei der Armee, wie auch sein Kumpel in schwarzer Lederjacke, der jetzt näher kommt. Ob ich, der Ausländer, helfen könne, fragen sie.

Eher weitet man die Bittgesuche von den dafür vorgesehenen Instanzen auch auf ausländische Journalisten aus, als dass man die Hoffnung aufs Prinzip einer außerplanmäßigen Gerechtigkeit fahrenlässt. Trotz der jedem Bittsteller bewussten Wirkungslosigkeit und Risiken ist das Vertrauen in das Petitionssystem selbst kaum erschüttert. Eine Studie fand heraus, dass 87 Prozent »bis zum Tod« bei ihren Petitionen gegen korrupte Funktionäre bleiben wollten. Einen Großteil der Beschwerden betreffen vorenthaltene Entschädigungen für Enteignungen. Laut offiziellen Angaben soll die Zahl der Petitionen zwar seit Jahren abnehmen, aber von einem hohen Niveau aus, nämlich zehn Millionen jährlich. An dem Absperrgitter vor einem schmalen Vorbau im traditionell chinesischen Stil warten zurzeit etwa zehn Leute, offensichtlich die, deren Nummer bald aufgerufen wird. Das Absperrgitter ist so lang, dass es auch Hunderte Wartende vom übrigen Bürgersteig abtrennen könnte. Aus einem Taxi, das um die nächste Ecke hält, steigt der Fahrer, was sonst nie vorkommt, eigens aus, um seinen Fahrgästen den Weg zum Amt zu weisen; die beiden Männer gehen schnell und stumm und entschlossen los. Wer in das Gebäude eingelassen wird, muss dort sein Problem schriftlich darlegen und dann einem Beamten noch mal mündlich erläutern. Und dann heißt es warten, oft jahrelang.

Immer wieder haben liberale Juristen wie He Weifang von der Peking-Universität oder der Bürgerrechtsanwalt Si Weijiang aus Schanghai gefordert, das Petitionswesen ersatzlos abzuschaffen und an seiner Stelle ein von der Parteiherrschaft unabhängiges Rechtssystem zu installieren. Doch der Regierung von Hu Jintao leuchtete eher der entgegengesetzte Schluss ein: Da sich wegen des Herrschaftsmonopols der Kommunistischen Partei eine wirkliche Gewaltenteilung verbietet, ist das gesellschaftliche Ventil der Petitionsmöglichkeit unentbehrlich. Die Funktion des Amts wurde sogar aufgewertet. Die Zahl der gegen Funktionäre gerichteten Petitionen wurde 2004 zu einem Bestandteil der Evaluierung der Regierungsarbeit, mithin zu einem Kriterium von Beförderungen. Städte und Provinzen fanden sich plötzlich in einer Beschwerde-Rangliste wieder, die dokumentieren sollte, wie reibungslos ihnen die Bewältigung sozialer Spannungen gelang.

Doch dieses Ranking entwickelte sich zu einem Schulbeispiel dafür, wie weit in China die geschriebenen und die »verborgenen« Regeln auseinanderklaffen und wie es Letzteren gelingt, eine Logik durchzusetzen, die den Absichten der Ersteren diametral entgegengesetzt ist. Seitdem die Regierungskompetenz der lokalen Behörden zu einem Gutteil an der Zahl der Petitionen gemessen wird, tun sie alles, um Petitionen an die nächsthöhere Instanz oder die Zentrale zu verhindern. Bis 2003 konnte man unliebsame Beschwerdeführer durch die »Shourong«-Zentren für »Internierung und

Zurückführung« loswerden, die Leute ohne Aufenthaltsgenehmigung festhalten durften. Doch nach der Abschaffung dieser Zentren erfanden die lokalen Behörden kurzerhand eine eigene Industrie der Petitionsverhinderung. Sie besteht aus einschlägigen Firmen, die in engem Kontakt zu den lokalen Petitionsämtern stehen; aus von ihnen gedungenen Schlägern, die Bittsteller aus den Provinzen in der Hauptstadt abfangen und aus dem Verkehr ziehen; und aus einer Reihe billiger Hotels und anderer Etablissements, die als »schwarze Gefängnisse« für die abgefangenen Bittsteller dienen, bis diese wieder in ihre Heimatorte zurückgeführt werden können.

Jede Stadt, jeder Bezirk und jede Provinz richteten eigene Petitionsverhinderungsfonds ein, die in den amtlichen Büchern als Geld für die »Lösung schwieriger Petitionsfälle« auftaucht. Laut der Wochenzeitung *Nanfang Zhoumo* gibt sogar eine bloß 40 000 Einwohner zählende Stadt wie Yuzhou jährlich 100 000 Yuan (etwa 12 000 Euro) für diesen Zweck aus. Das Wirtschaftsmagazin *Caijing* porträtierte einen jungen Mann, der aus der Branche ausgestiegen war und Einblicke in deren Arbeitsweise lieferte. 2009 wurde er von einer Firma angeheuert, die mit der Pekinger Repräsentanz der Provinz Guandong kooperiert. Der Anteil dieser Industrie am Arbeitsmarkt der Stadt sei nicht zu unterschätzen: »Fast jeder, der in Peking von Zeitarbeit lebt, war irgendwann schon mal als Petitionsverhinderer tätig.« Er unterscheidet zwei Arten von Klienten: Die einen werden aufgrund von Informationen der Provinzregierung abgefangen, noch bevor sie überhaupt ein Bittgesuch stellen können; die anderen werden aus dem Verkehr gezogen, nachdem sie eine Petition eingereicht haben und das zuständige Amt der entsprechenden Provinzvertretung in Peking einen Tipp gegeben hat.

Er und seine Kollegen warten einen geeigneten Augenblick ab, in dem sie den Betreffenden auffordern, in ihr Auto einzusteigen: Funktionäre seien aus der Heimat nach Peking gekommen, um sich ihres Falles anzunehmen. Die meisten seien jedoch misstrauisch und unwillig, weshalb man sie an Armen und Beinen in das Auto zerre – »normalerweise haben wir niemanden geschlagen«. Wenn man rasch ein Zugticket bekommen kann und der Betreffende in der Lage ist, es zu bezahlen, wird er sofort auf seinem Weg zurück begleitet. Andernfalls wird er so lange in einem »schwarzen Gefängnis« untergebracht, bis die Rückfahrt geklärt ist. Es sei vorgekommen, dass solch ein Rücktransport inklusive Funktionären und Wächtern drei- bis vierhundert Personen umfasste; dann sei ein ganzer Zugwaggon gebucht worden. Für einen Tag Bittsteller-Bewachung habe er rund 100 Yuan bekommen, für eine Rückfahrt-Begleitung etwa 600 Yuan; durchschnittlich verdiente er 4000 Yuan (rund 500 Euro) im Monat. Manche Leute, die ursprünglich nach Peking gekommen waren, um ein Bittgesuch einzureichen, hätten am Ende selbst in der Verhinderungsindustrie mitgearbeitet, um ihren langen Aufenthalt zu finanzieren.

Die Signale, die die Staatsführung zu diesem Treiben aussendet, sind widersprüchlich. In einer Pressekonferenz des Außenministeriums wurde noch 2009 auf eine Frage nach den »schwarzen Gefängnissen« gesagt: »Solche Dinge existieren in China nicht.« Doch seit 2010 wurden in mehreren Prozessen Mitarbeiter von Petitionsverhinderungsfirmen wegen »illegalen Festhaltens von Leuten« verurteilt.

Vor allem seitdem Xi Jinping an der Macht ist, häufen sich die Erlasse gegen Missbräuche innerhalb des Petitionswesens; in immer neuen Anläufen wird der Anspruch erneuert, das System einer »Herrschaft des Rechts« zu unterwerfen. Doch die Erfolge scheinen begrenzt zu sein.

Der Hongkonger Zeitung *South China Morning Post* sagten mehrere Funktionäre, inoffiziell bleibe das Beurteilungskriterium der Petitionen weiter bestehen: »Nichts ist wichtiger für Funktionäre auf dem Land, als die Stabilität zu bewahren, noch nicht einmal die wirtschaftliche Entwicklung. Insbesondere wir Funktionäre aus Städten und Dörfern, die in der Nähe der Hauptstadt liegen, müssen 24 Stunden am Tag die Augen offen haben, um die Petitionäre aufzuhalten.« Nimmt man alle diese Zeichen zusammen, deutet das weniger auf einen Willen zur Veränderung hin als auf die alten strukturellen Zwänge der Einparteienherrschaft, der es entgegen den eigenen Absichtserklärungen nicht gelingt, sich selbst zu kontrollieren. Das Fehlverhalten einzelner Funktionäre wird zurzeit zwar öffentlichkeitswirksam geahndet. Doch wenn die privaten Interessen der führenden Kader in bestimmten Punkten übereinstimmen, kommt offensichtlich kein von der Zentralregierung proklamiertes öffentliches Interesse gegen sie an. Die Konsequenz daraus ist das Petitionssystem in seiner gegenwärtigen Gestalt: ein Riesenapparat, der nur dem Zweck dient, eine Fiktion aufrechtzuerhalten, zusammen mit den erforderlichen Gegenmaßnahmen, um die möglichen Risiken – die Gefährdung der Herrschaftsstabilität sowie der individuellen Karriereaussichten – in Grenzen zu halten.

Dass das Vertrauen in das Institut darunter kaum leidet, liegt vermutlich daran, dass seine Wurzeln in China viel länger sind als die der kommunistischen Herrschaft. An der Bushaltestelle neben dem Staatsamt hat einer eine Erklärung aufgehängt, die mit dem Ausruf endet: »Mutterland!!! Die chinesische Tugend ist die chinesische Seele. Die edle Mutter – warum ist sie so müde?« Neben der Bushaltestelle rastet eine Familie, die neugierigen Passanten ein ganzes Konvolut von zusammengehefteten Papieren in die Hand drückt. Es geht um einen Fall, der schon fünfzehn Jahre zurückliegt; die Familie fordert, dass der Tod des Vaters, eines Ingenieurs, bei einer Überschwemmung als Arbeitsunfall anerkannt wird und dass den Kindern eine Hinterbliebenenrente ausgezahlt wird, rückwirkend sechzig Monatsgehälter.

Die »Klageschriften« der Familie aus den Jahren 2007, 2012 und 2013 verwenden sowohl Formeln der gegenwärtigen Parteipropaganda als auch eine viel ältere Terminologie. Auf der einen Ebene wird bekannt: »Ich glaube an den Parteichef Xi Jinping. Es ist wichtig, das Land nach dem Gesetz zu regieren.« Auf der anderen Ebene werden lauter konfuzianische Begriffe aufgefahren: »Ich rufe den blauen Himmel an (ein Bild für Gerechtigkeit), ich knie vor den Beamten, die wie Eltern für uns sind.«

Solche Formulierungen greifen auf uralte mythische Vorstellungen zurück. Als Jie, der letzte König der Xia-Dynastie, im siebzehnten vorchristlichen Jahrhundert vom Weg des Himmels abkam, so berichtet das konfuzianische »Buch der Dokumente«, beschwerte sich das Volk, worauf der Himmel ihm das Mandat zu herrschen kurzerhand entzog. Seitdem achtet jeder chinesische Regent darauf, dass der Glaube an väterliche Beamte und an einen gerechten Himmel das Reich zusammenhält – es gehört seither zur Staatsräson, dass das Volk die Möglichkeit hat, seinem Ärger Luft zu machen und den Himmel anzurufen.

Heute verkauft ein Mann von seinem Lastenmoped herab eine Broschüre aus hektographierten Fotokopien, von deren Titelblatt einem Xi Jinping entgegenlächelt. »Die Partei ist gegründet worden, um dem Volk zu dienen«, wird der Leser hoffnungsvoll gestimmt. Die Broschüre besteht aus den Fotos, Anschriften, Mailadressen und Telefonnummern, die sich von den obersten Funktionären des Landes im Internet finden lassen. Bei einigen sind sogar die Buslinien beigefügt, die zu ihren Amtssitzen führen. Wer diese Broschüre liest, könnte denken, ein Mann vom Lande könne in die Hauptstadt kommen und mit dem Bus zu den Staatsführern fahren, um ihnen sein Leid zu klagen. Aber jeder weiß, dass die Türen verschlossen sind und die Nummern ins Nichts gehen. Die Broschüre wird trotzdem viel gekauft.

Elemente der Herrschaft Xi Jinpings

Seitdem sich die Kommunistische Partei Chinas nicht mehr als revolutionäre, sondern als regierende Organisation versteht, treibt ihre höchsten Funktionäre vor allem diese Sorge um: Wie können wir eine Revolution verhindern und auf die globalisierte Moderne antworten, ohne an Macht einzubüßen? Bisher galt inner- und außerhalb der Partei die herrschende Meinung, das werde nicht ohne Reform gehen. Das findet auch Parteichef Xi Jinping, doch er meint damit keine liberale Reform. Der Kommunismus soll nicht länger bloß ein Lippenbekenntnis sein. Aber was dann? Und warum erkennen sich die Politbüro-Mitglieder in Tocquevilles Analyse des vorrevolutionären Frankreich wieder? Was genau ist mit dem »Großen Wiederaufblühen der Nation« gemeint, aus dem der Propaganda zufolge der »Chinesische Traum« bestehen soll? Und was hat es zu bedeuten, wenn neben den Konfuzianern nun auch deren verfeindete Zeitgenossen, die Legalisten, ein Comeback erleben, die all das Reden von Rechtschaffenheit und Güte für Firlefanz hielten und dem Herrscher rieten, seine drakonische Machtausübung durch Gesetze zu systematisieren? Die Stichworte des zweiten Kapitels beschäftigen sich mit den Konsequenzen der unvermuteten Offensive, mit der die Partei eine Flucht nach vorn anzutreten sucht.

1. Reform
oder: Das Rad der Geschichte herumreißen

Es ist leicht, das Neue an dem zu übersehen, was sich in China tut. Internetrepression, Antikorruptionskampagnen, vage Propagandaparolen – derlei gibt es schon seit Jahrzehnten, der autoritäre Kurs wird allenfalls noch schärfer; nur in der Wirtschaftspolitik scheint es Bewegung zu geben. Doch hinter den gewohnten Kulissen ereignet sich etwas Unerwartetes: Die Kommunistische Partei, die ihren Systemwettbewerb mit dem westlichen Liberalismus allen anderslautenden Beteuerungen zum Trotz längst für verlorengegeben hatte, will das Rad der Geschichte noch mal herumreißen. Das Regime Xi Jinpings will beweisen, dass diese Partei, die seit langem zur Beute ihrer raffgierigen Funktionäre geworden ist, sich selbst kontrollieren kann, und auf diese Weise ihren Alleinvertretungsanspruch erneuern.

Diese Volte kommt überraschend aus einem praktischen und einem ideologischen Grund. Natürlich hat das offizielle China immer behauptet, es verstehe sich als Gegenentwurf zum Westen. Doch die Wirklichkeit im Bewusstsein der Reichsten und Mächtigsten in seinen Reihen sieht so aus, dass laut einer Studie der China Merchants Bank 27 Prozent von ihnen bereits Immobilien, Vermögen, Familie im Westen deponiert haben und 47 Prozent planen, das zu tun. Dass alles noch mal gut ausgeht, scheint in diesen Kreisen kaum einer zu glauben.

Bisher galt es bis in die Zentrale Parteihochschule hinein bei vielen als ausgemacht, dass die Partei nur mit politischen Reformen werde überleben können – und stillschweigend meinte man liberale Reformen damit, die den wachsenden Druck in der Gesellschaft durch immer mehr Möglichkeiten der Beteiligung ablassen könnten, um so die große Explosion zu vermeiden. Unter den Theoretikern in den staatlichen Thinktanks gab es nicht wenige, die eine innerparteiliche

Demokratie als Muster für eine allgemeine Demokratisierung verwenden wollten, damit die durch die Marktwirtschaft unumkehrbar gewordene Vielfalt auch einen politischen Ausdruck findet. Ohne das so auszusprechen, hoffte dieser Reformflügel also insgeheim darauf, dass die Partei ihre Fähigkeit zur Umdefinition ihrer eigenen Begriffe ein weiteres Mal unter Beweis stellt: dass sie, nachdem sie ihre ökonomischen Prinzipien flexibel verändert hatte, auch ihre leninistische Struktur schrittweise in die Gesellschaft hinein auflösen könnte.

Jetzt aber hat sich die Partei unter ihrem Vorsitzenden Xi Jinping entschieden, wie sie eine Revolution vermeiden und auf die globalisierte Moderne antworten will: mit Lenin, einem auf Vordermann gebrachten Lenin. Die politische Reform, die Xi auf dem Dritten Plenum 2013 in Gang gebracht hat, ist das Gegenteil der allgemeinen Erwartungen, sie richtet sich ausdrücklich gegen die Prinzipien des politischen Liberalismus: gegen Gewaltenteilung, Zivilgesellschaft, Menschenrechte als universellen Maßstab der Politik.

Ihren Alleinvertretungsanspruch will die Partei mit zwei komplementären Maßnahmen erneuern: einer Kontrolle der Zivilgesellschaft, die so systematisch ist wie nie zuvor, vor allem aber mit einer Kontrolle ihrer selbst. Durch einen strukturellen Umbau der Partei sollen die zahlreichen Dysfunktionalitäten der kommunistischen Herrschaft behoben werden, die diese auch in China selbst als Auslaufmodell der Geschichte erscheinen lassen. Die Partei soll wieder ein gutes Gewissen bekommen und die politische Offensive übernehmen.

In einer Grundsatzrede vor Propagandafunktionären, die im Internet zirkuliert, hat Xi die Schweigespirale beschrieben, die es sogar innerhalb der Partei selbst gibt und die er umkehren will. Es sei ein »merkwürdiges Phänomen«, dass, wenn jemand heutzutage die Partei verteidige, er von allen Seiten angegriffen und von der Partei selbst alleingelassen werde. Manche Kader fürchteten, bei den Leuten als nicht aufgeklärt zu gelten.

Der Vorsitzende mutet den Genossen zu, wieder zu glauben, was sie sagen. Das ist in der Tat unerhört, denn je länger die marktwirtschaftlichen Reformen in China andauerten, desto mehr erschien der Kommunismus auch den Funktionären als bloße *Façon de parler*, um den äußeren Rahmen aufrechtzuerhalten. Für die gesamte Gesellschaft bedeutet das, dass alle öffentliche Sprache als Lügensprache gilt, nicht nur, was die Ideologie im engeren Sinn, sondern auch, was ihren moralischen Anspruch betrifft. Das ist der Boden für den alltäglichen Zynismus, der beim allgemeinen Bereicherungsprimat kaum noch Restskrupel übrig lässt.

Was der Vorsitzende mit »Kommunismus« meint, hat er nicht gesagt. Er belässt es bei der alten Erklärung, dass der Kommunismus erst auf der Grundlage einer voll entfalteten sozialistischen Gesellschaft errichtet werden könne, woraus folge: »Wir müssen konkret und pragmatisch uns unermüdlich anstrengen, um das Programm der Partei für das gegenwärtige Stadium zu verwirklichen.« Die Überzeugung von der Wissenschaftlichkeit und Moralität des letzten Ziels soll dann auch das Handeln in der Gegenwart prägen, »man muss sich so stählen, dass man noch nicht einmal von einem Diamanten geritzt werden kann«.

Doch anders als bei den früher üblichen Appellen stützt sich die ideologische Offensive jetzt vor allem auf die Bildung neuer Machtstrukturen innerhalb der Partei, die quer zu den bisherigen verlaufen. Ausgangspunkt ist die in China weithin geteilte Ansicht, dass Korruption und Amtsmissbrauch nicht bloß individuelle Verfehlungen sind, sondern eng mit dem System der von Deng Xiaoping eingeleiteten marktwirtschaftlichen Reformen zusammenhängen: Die Parteifunktionäre, die auf allen Ebenen den Prozess mit kaum beschränkten Machtbefugnissen kontrollieren, agieren zugleich als Unternehmer und wirtschaften in die eigene Tasche. Das sind die »verdeckten Interessen«, die es mittlerweile auch innerhalb der Partei zum stehenden Ausdruck gebracht haben. Alle bisherigen Reformversuche, schrieb die Publizistin Hu Shuli in ihrem Wirtschaftsmagazin *Caijin*, seien daran gescheitert, dass die Interessengruppen zuerst einen Konsens über die Ziele behindert hätten und danach, wenn doch eine Einigung zustande gekommen sei, die Umsetzung.

Die jetzige Reform ist daher vor allem eine Zentralisierung: Die beiden Kommissionen, die das Dritte Plenum ins Leben gerufen hat, hebeln viele bisherige Befugnisse unterer Ebenen aus. Die »Leitungsgruppe Reform«, deren Vorsitz Xi Jinping selbst innehat, kann man schon deshalb nicht mit einem bloßen Exekutiv- oder Diskussionsausschuss verwechseln, weil ihre sechs Handlungsgebiete praktisch alle für China relevanten Politikfelder umfassen: Wirtschaft und Ökologie, Demokratie und Herrschaft des Rechts, Kultur, Sozialsysteme, Parteiaufbau, Disziplinarüberwachung innerhalb der Partei. Für jedes einzelne dieser Themen gibt es längst eingespielte Institutionen, doch deren Einfluss soll gezielt relativiert werden.

Würden die Ziele tatsächlich realisiert, würden zahllose Ämter und Kader ihre Privilegien verlieren, vom Umbau der Staatsbetriebe bis zur Lockerung der Ein-Kind-Politik, von der Abschaffung der Administrativhaft in Arbeitslagern (Laojiao) bis zum Verbot, Petitionäre einzusperren, von der Stärkung der Eigentumsrechte der Bauern bis zur Reform des Meldewesens. Deshalb hatten die bezeichnendsten Nachrichten der vergangenen Jahre mit Entmachtungen zu tun, nicht nur bei der Verfolgung bestechlicher Funktionäre.

Die Gerichte sollen künftig nicht mehr von den lokalen Parteisekretären finanziert und beaufsichtigt werden, sondern von den Provinzverwaltungen. Das »Komitee für Politik und Recht«, das für Polizei und Sicherheitsorgane zuständig ist, verliert seine Übermacht an die neu ins Leben gerufene

Sicherheitskommission, deren Vorsitzender ebenfalls Xi Jinping ist.

Das komplementäre Ziel der Reform wird nicht öffentlich formuliert, aber durch Taten deutlich gemacht. In seiner Grundsatzrede hatte Xi noch vom Aufbau einer »mächtigen Internetarmee« gesprochen, die entschlossen gegen »feindliche Kräfte« vorgehen soll: »Wir dürfen uns nicht marginalisieren lassen.« Doch in Wirklichkeit geht der Kampf der Partei weit darüber hinaus. Es geht um die Beseitigung aller Politik außerhalb der Partei.

2. Tocqueville
oder: Die Angst vor der Revolution

In der Zeit der Amtsübernahme von Xi Jinping gruben mehrere Mitglieder des neuen Ständigen Ausschusses des Politbüros der Kommunistischen Partei Chinas ein Buch aus dem neunzehnten Jahrhundert aus, das die gegenwärtige Konstellation des Landes verblüffend genau beschreibt und dabei eine bevorstehende Revolution in Aussicht stellt: Alexis de Tocquevilles »Der alte Staat und die Revolution«, erschienen im Jahr 1856. Sowohl Li Keqiang, der Ministerpräsident und zweite Mann in der Partei, als auch Wang Qishan, das für die Korruptionsbekämpfung zuständige Politbüromitglied, empfahlen das Buch mehrfach öffentlich zur Lektüre. Letzterer ausdrücklich bei einem Treffen mit Regierungsberatern, die sich damit beschäftigen, wie Partei und Staat so umzugestalten sind, dass ihr Untergang verhindert wird.

Seitdem hat sich das Buch, das im Westen tief im Schatten von Tocquevilles anderem Werk, der »Demokratie in Amerika«, steht, unter chinesischen Funktionären und Intellektuellen zu einem Bestseller entwickelt. Zwei Fragen stellen sich: Was bedeutet es, wenn sich die chinesischen Kommunisten in Tocquevilles Analyse des vorrevolutionären Frankreich wiedererkennen? Und: Was bedeutet es, wenn sie dieses Wiedererkennen öffentlich machen?

Die Pointe des Buchs liegt darin, dass es das Frankreich vor 1789 keineswegs so beschreibt, wie westliche Theoretiker bis vor kurzem realsozialistische Staaten zu beschreiben pflegten: als System, das an seiner Reformunfähigkeit und Erstarrung zugrunde geht. Vielmehr, so Tocqueville, habe sich die Gesellschaft im absolutistischen Staat vor der Revolution gerade durch ihre zunehmende Dynamik, Durchlässigkeit und Modernität ausgezeichnet. Doch die Zentralisierung, Rationalisierung und Ökonomisierung der Despotie habe die alten Institutionen und Formen des Zusammenwirkens entleert, so dass nur gegeneinander abgeschottete Kasten übrig blieben. Diese atomisierte Gesellschaft – Tocqueville schreibt von einem »kollektiven Individualismus« – habe nichts als die alles beherrschende Begierde verbunden, »um jeden Preis reich zu werden«. Aus Angst vor ihn möglicherweise gefährdenden Zusammenschlüssen fördert der Despotismus noch diese gegenseitige Isolierung und »entzieht den Bürgern jede gemeinsame Begeisterung, jedes gemeinschaftliche Bedürfnis, jede Notwendigkeit, sich miteinander zu verständigen«.

In früheren Jahrhunderten hätten Adlige und jene, aus denen später das Bürgertum wurde, noch in der gemeinsamen Ausübung ihrer gesellschaftlichen Funktionen zusammengearbeitet; je mehr diese Funktionen von der Zentralgewalt übernommen wurden, desto größer wurde der Skandal der Ungleichheit, zumal der Befreiung des Adels von einer Steuer, deren Höhe rapide wuchs. »Da in einer derartigen Gesellschaft nichts feststeht, fühlt sich jeder, teils durch die Furcht, herunterzukommen, teils durch den Drang, sich emporzubringen, in ständiger Aufregung.«

Das alles liest sich in der Tat wie eine Beschreibung des heutigen China, in dem der Drang, reich zu werden, vom System nicht nur legitimiert, sondern als Ersatz für jedwede politische Ambitionen geradezu vorgeschrieben ist. Jeder bringt dabei sein eigenes Schäfchen ins Trockene, und die großen Klassen, zumal die Bauern und die städtische Mittelschicht, haben keine gemeinsamen Interessen. Von jeglicher Praxis einer Selbstverwaltung ferngehalten, ist auf keiner Ebene der Gesellschaft auch nur die Möglichkeit vertraut, für ein Gemeinwesen zu denken. Die Partei nimmt dabei auf der einen Seite die Rolle der Zentralgewalt in Tocquevilles System ein; auf der anderen Seite ist sie das Äquivalent zu dem seiner gesellschaftlichen Bedeutung entleerten Adel und fungiert in der ökonomischen Praxis als Privilegienverteiler innerhalb der wachsenden Ungleichheit.

Seit 1989 galt als Regierungsdoktrin, dass die Stabilität dieses Systems durch ständig wachsendes Bruttoinlandsprodukt, fortschreitende Rationalisierung und Systematisierung der Herrschaft gesichert werden könne, durch Reformen also, die gleichzeitig Problemlösungsfähigkeit und Flexibilität im Konkreten und Rigidität in der Aufrechterhaltung der Einparteienherrschaft im Ganzen auszeichnet, so dass die Volksrepublik niemals das Schicksal der Sowjetunion ereilen könne. Gerade auch die »Liberalen« innerhalb der Partei haben immer argumentiert, mit rechtzeitigen Reformen werde eine Revolution verhindert.

Das Interesse an Tocqueville deutet nun darauf hin, dass es mit der Zuversicht hinsichtlich der Funktionstüchtigkeit dieses Modells vorbei sein könnte. Noch Mitte des achtzehnten Jahrhunderts, schreibt Tocqueville, sei von einem Freiheitsdrang in der französischen Nation nichts zu spüren gewesen: »Sie wünschte mehr Reformen als Rechte«, und ihre Bürger hätten nichts weiter als »die gleichgestellten Diener des Herrn der Welt werden« wollen. Dass sich dies innerhalb weniger Jahrzehnte änderte und es über Nacht und zur Überraschung aller Beteiligten zur Revolution kam, lag für Tocqueville zum einen an der Aushöhlung früherer, zwischen Zentralstaat und Einzelnem vermittelnden Institutionen der Selbstverwaltung. Und zum anderen ausgerechnet daran, dass die Modernisierung in den Jahren vor der Revolution mit immer mehr sozialen Reformen einherging, so dass die Erwartungen stiegen.

Da man das der öffentlichen Angelegenheiten seit langem entwöhnte Volk »so unempfindlich sah, hielt man es für taub, so dass, als man sich für sein Los zu interessieren begann, in seiner Gegenwart von ihm selbst in einer Weise gesprochen wurde, als ob es nicht zugegen wäre«. So sei die Nation an den Gedanken gewöhnt worden, dass die von der Despotie hergestellte Leere angesichts der sich immer irrationaler entwickelnden Ungleichheit auch mit umgekehrten Vorzeichen versehen werden könne, wofür die auf Abstraktionen und Systeme fixierten Intellektuellen der Zeit dann die Vorlage geliefert hätten.

Die Empfehlung von Tocqueville geht in Peking mit einer bemerkenswerten Veränderung der Rhetorik einher. Während früher jeder Vergleich mit gestürzten Diktaturen etwa in Arabien entrüstet zurückgewiesen wurde, hat der neue Parteichef Xi Jinping mehrfach erklärt, wenn man das Problem der Korruption nicht löse, werde dies »das Ende der Partei und das Ende des Staats« sein. Staatsmedien und Regierungsberater liefern in immer kürzeren Abständen Anzeichen eines sich verschärfenden Krisenbewusstseins: 1 Prozent der Familien besitzen 41,4 Prozent der privaten Vermögen, und 91 Prozent der Bevölkerung glauben einer Untersuchung der Parteizeitung *Renmin Ribao* zufolge, die Reichen profitierten von ihren Beziehungen zur Partei. Viele Parteifunktionäre sind laut Regierungsberater Yu Keping völlig verunsichert, weshalb sie ihre Frauen und ihr Vermögen ins Ausland bringen und im Übrigen vermehrt bei Buddha Zuflucht nehmen. China gibt inzwischen mehr für die innere als für die äußere Sicherheit aus.

Eine letzte subversive Pointe von Tocquevilles Buch war die Beobachtung, dass die Revolution in ihrer zweiten Phase wieder jene Institutionen des Ancien Régime wiederbelebte, mit denen »die Menschen abgesondert und gehorsam« gehalten werden konnten. Schon bei Tocqueville war also gar nicht mehr unterscheidbar, ob er sich mit den Missständen des alten Staats oder mit denen der Revolution beschäftigte.

3. Chinesischer Traum
oder: Das Wiederaufblühen der Nation

Über den »American Dream« braucht China keine Belehrung. Die Angebote der Neuen Welt, von Hollywood über Disney bis zum Versprechen, jeden Menschen gleich zu achten und ihn sein Glück machen zu lassen, werden in ihrer Universalität von den Bürgern der Volksrepublik nicht nur verstanden, sondern beherzt ergriffen – was sich an den Kinokassen ebenso wie an den Statistiken über den Erwerb von Immobilien in den Vereinigten Staaten messen lässt. Auch die Tochter des Staatspräsidenten Xi Jinping studierte natürlich in Harvard.

Wie aber steht es mit dem »Chinesischen Traum«? Der Begriff (»Zhongguo meng«) schwirrt seit Jahren durch die chinesischen Medien, wohl auch, weil es sich so gehört, dass die neue Weltmacht einen mindestens so großen »Traum« hat wie die alte. Zur Strategie des Landes gehört es seit langem, die Welt auch mit »Soft Power« gewinnen zu wollen.

Xi Jinping sagt, es gelte den »chinesischen Traum des großen Wiederaufblühens der chinesischen Nation« zu verwirklichen. Schon kurz nach seiner Ernennung zum Parteichef im November hatte er den »Traum« zum Programm erklärt. Danach wetteiferten Blogger, Zeitungskommentatoren und Prominente darum, ihre eigenen Definitionen zu geben. Der eine versteht mehr Wohlstand darunter, der andere weniger korrupte Funktionäre, der Dritte die Wiedervereinigung mit Taiwan. Für die erste chinesische Astronautin besteht der

»Chinesische Traum« darin, eine gute Astronautin zu sein, für nationalistische Websites ist es der Traum eines starken Militärs, und für einen Blogger wäre es die Aussicht, Chinas Angelegenheiten diskutieren zu können, ohne von den Sicherheitsbehörden »zum Tee eingeladen«, also verhört zu werden. Mit anderen Worten: Die empirische Vielstimmigkeit widerlegt die mit dem Begriff suggerierte Vorstellung, das chinesische Volk habe gegenwärtig ein spezifisches gemeinsames Ziel.

Auf der normativen Ebene der Parteiführung existiert dieses Ziel jedoch: »das Wiederaufblühen der chinesischen Nation«. »Wiederaufblühen« oder »Renaissance« (auf Chinesisch »fuxing«) ist tatsächlich ein Schlüsselbegriff, mit dem chinesische Intellektuelle seit Beginn des vergangenen Jahrhunderts die historische Mission ihres Landes beschrieben haben. Die künftige Bestimmung Chinas scheint dabei in der Vergangenheit angesiedelt zu werden: in der Wiedererlangung eines Zustands der Vitalität, Größe und Bedeutung, die das Land vor seiner Konfrontation mit europäischen Mächten im neunzehnten Jahrhundert hatte.

Ein solches Programm als »nationalistisch« zu bezeichnen, würde zu kurz greifen. Das Etikett verfehlt die innere Widersprüchlichkeit des Unterfangens: Zu ihrer alten Größe kann die Nation gar nicht wiedererstehen, weil sie zu Zeiten ihrer Größe noch keine Nation war – sondern ein Staat und eine Kultur, die sich selbst als Welt wahrnahmen, außerhalb der es nichts wirklich Nennenswertes gibt. Der Schock und die Demütigung des neunzehnten Jahrhunderts bestanden nicht zuletzt darin, dies als Irrtum einsehen zu müssen und sich notgedrungen in wirtschaftliche, politische, militärische und kulturelle Abhängigkeit von anderen zu begeben. Das Konzept einer »Nation«, die sich zu anderen Nationen in Beziehung setzt, verbreitete sich erst danach in China.

Das Programm des »Wiederaufblühens« ist daher viel weniger eindeutig, als es auf den ersten Blick aussieht: Wie soll die Beziehung zu anderen Nationen aussehen, wenn China »wieder« so stark ist wie zu der Zeit, als andere Nationen für das Land nicht zählten? Für die Beantwortung dieser Frage kann die Vergangenheit keinen Maßstab liefern. Was aber liefert ihn? Von welchen kulturellen, politischen, militärischen Bedingungen wird es abhängen, dass China das Ziel seiner Wiedererstehung als erreicht erklärt?

Die Bedeutung dessen, was mit der »Renaissance« Chinas gemeint ist, hat sich im Laufe des zwanzigsten Jahrhunderts bezeichnend verschoben. Die Intellektuellen der 4.-Mai-Bewegung von 1919, auf die sich die in Taiwan regierende Kuomintang ebenso beruft wie die Kommunistische Partei, stellten sich bei diesem Begriff vor allem die Frage, wie China so aufgeklärt und kosmopolitisch werden könne, dass es seiner Kultur wieder Leben einhauchen könne. Um die Nation wieder selbstbewusst zu machen, soll sie also von anderen lernen: Dieser nur scheinbar paradoxe Ansatz ist bis heute geblieben. Doch die Fokussierung auf die Kultur ist in den Wirren der Bürgerkriege, der Kulturrevolution und der kapitalistischen Reform irgendwie verlorengegangen.

Wenn Xi Jinping heute von »Wiederaufblühen« spricht, meint er wie selbstverständlich vor allem den Staat, der »wieder stark« werden sollte. Er sagt zwar auch, man solle den »chinesischen Geist« ausbreiten, doch statt einen Hinweis zu geben, was darunter zu verstehen ist, wiederholt er: »Um den chinesischen Traum zu verwirklichen, muss China den chinesischen Weg gehen.«

Damit aber bleibt der »Chinesische Traum« eigentümlich leer – er träumt bloß von sich selbst. Er verrät nicht, wofür dieses Gebilde steht, dessen Wiederherstellung er sich wünscht. Zugleich lässt er jedoch auch keinen Zweifel daran, dass er nicht mit dem Verlangen jeder beliebigen Nation nach Gedeihen und Wohlergehen zu verwechseln ist: Es geht um die Vitalisierung eines Staatswesens, das sich selbst für das Ganze hielt. In dieser keiner Begründung bedürfenden Selbstbezüglichkeit könnte der tiefere Grund für das spektakuläre Scheitern aller bisherigen Soft-Power-Anstrengungen Chinas liegen. Die Repression und Korruption der Einparteienherrschaft sorgen ohnehin dafür, dass das gegenwärtige China für die Außenwelt nicht allzu attraktiv wirkt. Doch auch in der Vermittlung der alten Kultur und der gegenwärtigen Künste ist die Volksrepublik, gemessen daran, was sie da eigentlich zu bieten hätte, erstaunlich erfolglos. Es sind meistens ausländische Sinologen, Philosophen, Kulturpolitiker und Buddhisten, die von der Universalität dieser Kultur überzeugt sind, nicht aber die Chinesen selbst. Ihnen genügt es, mit taktisch ausgewählten Ausschnitten um »Verständnis« zu werben – ohne dass sie es für möglich halten, dass ein »Ausländer« sich ihre Kultur tatsächlich zu eigen machen könnte. Und dies zugleich, ohne etwas verbergen zu wollen: Das Bewusstsein von der eigenen Sonderrolle, das China nicht weniger als Amerika hat, funktioniert unabhängig davon, dass es selbst benennen könnte, was es zur Grundlage hat, was diese Kultur also eigentlich ausmacht.

Auf der Ebene der Geopolitik wirft diese Unbestimmtheit viele Fragen auf. Sollen zur »Renaissance« des Landes auch militärische Coups wie die Einnahme der Inseln gehören, um die sich China mit verschiedenen Nachbarn streitet? Wird die traditionelle Überzeugung, die ganze kultivierte Welt zu repräsentieren, in einen aggressiven Nationalismus umschlagen? Oder kann sie in einen neuen Kosmopolitismus münden, der über seine Verantwortung in der Welt Rechenschaft gibt?

4. Regieren durch Gesetze
oder: Eine starke Waffe

Zu allen möglichen Bedeutungen existiert in China eine Parallelwelt. Scheinbar geht das Land heute mit den gleichen Begriffen um, wie sie auch im Rest der Welt gebräuchlich sind, aber in seinem eigenen sprachlichen und politischen Kontext bedeuten sie häufig etwas durchaus anderes. Das zweite Universum ist umso tückischer, als es dem Westen oft gar nicht bewusst ist und China meist keinen Wert darauf legt, das Missverständnis auszuräumen. Besonders folgenschwer ist das im Fall eines Begriffs, mit dem China seit Ende der siebziger Jahre hantiert und den das Zentralkomitee der Kommunistischen Partei 2014 zu einem Eckpfeiler seiner Politik erklärt hat:»Rule of Law« heißt er in der englischen Übersetzung, Herrschaft des Rechts oder des Gesetzes.

Treffend haben westliche Kommentatoren festgestellt, dass die Grundsätze, die das einschlägige ZK-Plenum zu dem Thema aufgestellt hat, allem zuwiderlaufen, was dieser Begriff des vor allem angelsächsischen Liberalismus an Gewaltenteilung, Republikanismus und Schutz des Individuums enthält.»Die Führung durch die Partei und die sozialistische Herrschaft des Rechts sind ein und dasselbe«, hieß es in einem Abschlussbericht des Plenums. Und während ein nationaler Verfassungstag angekündigt und verfügt wird, dass alle Beamte einen Eid auf dieses Papier leisten müssen (das unter anderem Privateigentum, Redefreiheit sowie Menschenrechte im Allgemeinen garantiert), wurde ausgerechnet zur Zeit des Plenums ein Regisseur verhaftet, der einen Dokumentarfilm über die Geschichte des Verfassungsdenkens in China gedreht hatte.

Ohnehin werden seit der Zeit, in der die Parole von der »Herrschaft des Rechts« verstärkt Konjunktur hat in China, deutlich mehr Menschen verhaftet, deren einziges Verbrechen politische oder gesellschaftliche Kritik ist (noch nicht

einmal die Infragestellung des kommunistischen Herrschaftsmonopols, was früher die rote Linie der staatlichen Toleranz
markierte). Aus diesem Grund halten viele die chinesische
»Rule of Law« für eine bloße Propagandafloskel, die man um
der Tatsachen willen, die sie verdeckt, nicht weiter beachten
sollte.

Doch die chinesischen Schriftzeichen des Begriffs ent-
stammen einer ganz anderen Tradition, als es die Übersetzung nahelegt. »Yifa zhiguo« – wörtlich: durch Gesetze das
Land regieren – war ein Schlüsselwort der legalistischen
Schule, die im dritten vorchristlichen Jahrhundert die Re-
gierungsphilosophie des ersten Kaisers darstellte, der das
Land gewaltsam einigte. Ihr berühmtester Vertreter war Han
Feizi, der markante Sätze wie diese schrieb: »Die Weisheit
des Volks ist nutzlos; es hat den Verstand von einem Kind.
Kinder können nicht verstehen, dass der kleine Schmerz,
den sie jetzt erleiden, ihnen später von großem Vorteil sein
wird.«

Deshalb brauche man einen erleuchteten Herrscher, der
unpopuläre Gesetze mit aller Konsequenz gegen Arme und
Reiche, Mächtige und Machtlose gleichermaßen durchsetzt.
Das Gesetz war in seinem Verständnis keineswegs ein Schutz
des einzelnen Bürgers, sondern ein System von Belohnung
und Bestrafung, das dem Kaiser seine Herrschaftsausübung
ermöglichte, ihm überhaupt erst Autorität verlieh.

Ebendiese Tradition hallt wider, wenn der gegenwärtige
Herrscher – der Staats- und Parteichef Xi Jinping – den Beschluss des Zentralkomitees wie folgt erläutert: »Das Gesetz
ist eine starke Waffe, um das Land zu regieren.« Nirgendwo
ist da von einem unveräußerlichen Recht eines jeden Bürgers die Rede, das dieser im Zweifel auch gegen die Anmaßungen seines eigenen Staats beanspruchen könne.

Vielmehr geht es laut dem Abschlussbericht um fortschreitende »Institutionalisierung, Standardisierung und Prozedu-
ralisierung« der Herrschaft, um eine autoritäre Spielart der

Legitimation durch Verfahren. Um alles Metaphysische oder Republikanische, das bei dem Wort »Gesetz« im europäischen Verständnis mitschwingt, abzuschütteln, wäre vielleicht besser einfach von Regeln die Rede.

Tatsächlich fordert das Dokument in einem Atemzug mit verbesserten Gesetzen effektivere Mechanismen der Sozialtechnik: »Warnmechanismen für gesellschaftliche Widersprüche, Mechanismen zum Ausdruck von Interessen, Mechanismen zur Konsultation und Kommunikation«. Wenn da auch Rechte und Menschenrechte erwähnt werden, wie so oft in den offiziellen Papieren der letzten Jahrzehnte, sind die »Rechte der Massen« gemeint.

Der Originalausdruck dieser »Rule of Law« entstammt also einem Programm zur Systematisierung autoritärer Herrschaft. Als solcher muss er ernst genommen und darf nicht unterschätzt werden. Der Abschlussbericht des ZK-Plenums selbst spricht von einem »systemischen Projekt«: Auf allen Ebenen soll das »Regieren durch Gesetze« das »Regieren durch Menschen« ablösen. Damit können mit weiter geschichtlicher Perspektive die letzten Kaiserdynastien gemeint sein oder die Selbstherrlichkeit Maos, von der sich schon die ersten offiziellen Erwähnungen des Konzepts absetzten; 1997 schrieb es das Zentralkomitee erstmals als grundlegende Strategie fest. Doch im Zusammenhang mit Xi Jinpings Kampf gegen die Kaderkorruption zielt das Programm vor allem auf die zunehmende Selbstbedienungsherrschaft kommunistischer Funktionäre in den letzten dreißig Jahren. »Die Massen reagieren heftig auf Probleme von Justizungerechtigkeiten und Korruption«, heißt es gleich am Anfang des Papiers.

Das Kernthema des ZK-Beschlusses ist daher das Verhältnis von Gesetz und Kommunistischer Partei. Es lässt sich auf die Kurzformel bringen: Die einzelnen Kader sollen mit ihren Privatinteressen unter dem Gesetz stehen; Funktionäre, die auf die Justiz Einfluss zu nehmen versuchen, sollen bestraft werden; mehrere Bestimmungen sollen die Ernennung und Absetzung von Richtern unabhängiger machen. Die Partei als Ganze aber steht über dem Staat; sie bleibt mit den ihr zur Verfügung stehenden Gewehrläufen die oberste Schöpferin, Deuterin und Durchsetzerin der Gesetze sowie diejenige, die über deren Ausnahmen entscheidet.

Die Methode, um den darin enthaltenen Widerspruch aufzulösen, ist die Selbstverpflichtung der Partei, sich an die von ihr selbst geschaffenen Gesetze zu halten. Der Beschluss weist mehrfach darauf hin, dass die Partei selbst Regeln hat, die »strenger sind als die Gesetze des Staats«; Xi Jinping fordert in seinem Kommentar, dass sich »die Partei- und Staatsregeln gegenseitig ergänzen und stärken«. Die disziplinarischen Bestimmungen einer leninistischen Kaderorganisation und die Gesetze des Staats sind gemäß dieser Logik also nicht auf prinzipiell verschiedenen Ebenen angesiedelt. Man könnte das Projekt »Regieren durch Gesetze« daher auch auf den Nenner bringen, dass die leninistische Disziplin da auf den gesamten Staat ausgeweitet werden soll.

Der Kommunismus als Ideologie, auf den sich Xi Jinping gern in unbestimmter Weise zu berufen pflegt, wird dagegen weiter relativiert. Die Legalisten wandten sich gegen den Moralismus der Konfuzianer, die voraussetzen, dass die Legitimität des Herrschers von seiner durch Gelehrte beratenen Tugend abhängig sei. All dieses Reden von Rechtschaffenheit und Güte hielten die damaligen Reformer für Firlefanz; sie rieten dem Kaiser, sich über seine wahren Motive bedeckt zu halten.

Das Zentralkomitee beansprucht in dieser Frage einen mittleren Weg: »Gesetz und Tugend sollen sich gegenseitig ergänzen.« Man darf also erwarten, dass weiterhin viel von kommunistischer, bei Gelegenheit auch von konfuzianischer Moral die Rede sein wird, doch um die Funktionäre sauber und die Gesellschaft zusammenzuhalten, verlässt sich die Partei lieber auf die bewährten Methoden von Lohn und Strafe.

Seitdem das Konzept »Regieren durch Gesetze« Ende der siebziger Jahre in offizielle Papiere Eingang fand, nutzten Reformer und Regierungskritiker den Spielraum, der durch die Differenz zwischen dem chinesischen Begriff und der englischen Übersetzung mit deren liberalen Anklängen entstand. »Man muss die Vorstellung des instrumentellen Charakters des Rechts ändern und die fundamentalen Werte von Freiheit, Demokratie, Gleichheit und Menschenrechten betonen«, schrieb etwa Li Buyun 1989. Unter den Juristen, die diese Ideen bis heute weiterentwickeln, sticht der Rechtstheoretiker He Weifang von der Peking-Universität hervor, der seit vielen Jahren für die Unabhängigkeit der Justiz streitet. Angesichts des ZK-Plenums gab er zu Protokoll, er habe alle Hoffnung verloren, reise bloß noch durchs Land und betrinke sich.

Die Spannung zwischen den verschiedenen Bedeutungsfeldern hat auch für die übrige Welt seine Bedeutung. Das ZK-Plenum fordert China auf, sich künftig mehr »an der Formulierung internationaler Normen zu beteiligen und so die Diskursmacht und den Einfluss unseres Landes in Gesetzesangelegenheiten weltweit zu stärken«.

5. Xu Zhiyong
oder: Eine neue Art Dissidenz

Als ein Gericht den Rechtsanwalt und Juradozenten Xu Zhiyong und vier weitere Mitglieder der von Xu gegründeten »Neuen Bürgerbewegung« 2014 zu mehrjährigen Haftstrafen verurteilte, lautete die Anklage bei allen: »Störung der öffentlichen Ordnung durch Massenzusammenrottungen«.

Bezeichnend ist, dass Xu anders als Liu Xiaobo und zahllose frühere politische Gefangene ausdrücklich nicht die Ziele vorgeworfen wurden, für die er sich in den letzten Jahren eingesetzt hat: die Abschaffung der »schwarzen Gefängnisse«, in denen lokale Kader Petitionäre mundtot zu machen versuchen, die Erlaubnis für Kinder von Wanderarbeitern, Schulen und Hochschulen am Wohnort ihrer Eltern zu besuchen, Transparenz in der Vermögensbildung von Beamten. All dies sind, auch wenn es vor allem beim letzten Punkt Unterschiede in der Methode gibt, gleichfalls Ziele der gegenwärtigen Regierung unter Staatspräsident Xi Jinping. Die Kommunistische Partei kämpft derzeit um ihren Ruf, um moralische Restlegitimität, und sie beansprucht, die offensichtlichsten Missstände ihres Regimes selbst zu beseitigen.

Xus Abweichung besteht laut Anklage in der Art Öffentlichkeit, die er gesucht hat: eine Öffentlichkeit außerhalb der von der Partei vorgesehenen Kanäle. So etwas wird von der neuen Regierung noch strenger unterbunden als von ihren Vorgängern. Sie bewertet auch Mikroblogger weniger nach ihrer Gesinnung als nach ihrem Wirkungsradius; ist der hoch, können auch harmlose Mitteilungen als Bedrohung des Herrschaftsmonopols empfunden und geahndet werden.

Die letzte der Fragen, die ihm ein Vernehmungsoffizier im April 2013 stellte und die er gleich danach in seinem Blog publik machte, enthüllt die eigentliche Provokation, die das Verhalten des Anwalts für die Volksrepublik darstellt. »Ich bin verwirrt«, hatte der Beamte laut Xus Protokoll gesagt: »Sie sind immer ein guter Student gewesen. Ihre Familie ist nicht verfolgt worden. Sie sind in der Schule und in Ihrer Karriere erfolgreich gewesen. Sie könnten ein gutes Leben leben. Warum haben Sie diesen Weg gewählt?«

Dieses Unverständnis markiert am genauesten den Punkt, an dem sich die Geister des chinesischen Staats von dem seines Dissidenten scheiden. Im sozialtechnischen Horizont der Partei ist der Einzelne eine Funktion seiner Verhältnisse, die zu gestalten wiederum allein Aufgabe der Partei sein soll; mit jedem, der aus diesem Schema ohne äußeren Grund ausbricht, stimmt irgendetwas nicht. Im Horizont Xu Zhiyongs übernimmt dagegen der Einzelne Mitverantwortung für die Verhältnisse, in denen er sich befindet. Die soziale Lebendigkeit, die eine solche Sicht voraussetzt, wird vom chinesischen Staat selbst dann nicht geduldet, wenn das operative Ziel der beiden Perspektiven einmal das gleiche ist: Das ist die Lektion der Prozesse gegen die »Neue Bürgerbewegung«.

Von früheren Dissidentengenerationen unterscheidet diesen 2012 gegründeten losen Verbund, der zeitweise fünftausend Mitglieder gehabt haben soll, dass er sich nicht auf bestimmte Ideen oder Strategien konzentriert, sondern auf das, was er als die Voraussetzung der Demokratisierung ansieht: die Selbstkultivierung des chinesischen Bürgers. Die Abendessen, die die Bewegung in vielen Städten veranstaltet und bei denen über gesellschaftliche Fragen gesprochen wird, sollen der Prototyp einer freien demokratischen Ordnung sein, in der alle von gleich zu gleich sprechen. In dem Text, nach dessen Veröffentlichung Xu vergangenes Jahr verhaftet wurde, schrieb er, das setze die Fähigkeit voraus, »persönliche Interessen, sozialen Status und Vorurteile« im Interesse des demokratischen Prozesses hinter sich zu lassen. »Bei uns geht es nicht um abstrakte große Narrative oder unaufrichtiges Oppositionsgerede«, heißt es in einem kämpferischen Manifest, das auf einer gerade erst eröffneten Website der »Neuen Bürgerbewegung« erschienen ist. »Diese Art konkreter Widerstand hat ihren Grund im Leben selbst und kann daher nicht besiegt werden.« Die Abendessen würden fortgesetzt, selbst im »ängstlichen« Peking.

Xu Zhiyong selbst ist das Gegenteil eines Ideologen oder Theoretikers. Er ist ein Praktiker, der anderen Menschen dabei half, im Umgang mit dem Staat ihr Recht zu bekommen – und dies im Rahmen des Systems und unter Vermeidung von Methoden, die er in Übereinstimmung mit dem staatlichen Sprachgebrauch als »radikal« bezeichnete. Nach einem Aufbaustudium wurde der 1973 in Minquan in der Provinz Henan geborene Anwalt Juradozent an der Pekinger Hochschule für Post und Telekommunikation. Bekannt wurde er 2003, als er sich nach dem gewaltsamen Tod eines Wanderarbeiters zusammen mit zwei Kommilitonen dafür einsetzte, die Gefängnisse abzuschaffen, in denen die Polizei willkürlich Bettler und andere unregistrierte oder unerwünschte Personen festhalten konnte.

Die Forderung war erfolgreich. Xu Zhiyong gründete die Nichtregierungsorganisation Gongmeng (Offene Verfassungs-Initiative), die sich kostenlos für die Rechte derer einsetzte, die ihren Rat suchten, gleich, ob es um Wanderarbeiter oder widerrechtlich enteignete Hausbesitzer ging. Von Anfang an nahm Xu große persönliche Risiken auf sich, etwa wenn er Petitionäre aus den von angeheuerten Schlägern bewachten »schwarzen Gefängnissen« befreite, in die sie von Provinzbeamten geworfen worden waren.

Doch zunächst sah es so aus, als stünden die Spitzen des Systems auf seiner Seite. Zwischen 2003 und 2006 war er ernanntes Mitglied einer lokalen Sektion des Volkskongresses, und staatliche Medien priesen ihn als vorbildlichen Anwalt. Das änderte sich 2009, als die Behörden Gongmeng wegen vermeintlicher Steuerhinterziehung schlossen und Xu einen Monat in Untersuchungshaft verbrachte.

Den Schritt, den er bis zur Gründung der »Neuen Bürgerbewegung« vollzog, erklärte er in einem von ihm selbst protokollierten Verhör so: »Bisher bestand unsere Arbeit darin, dass wir selbst als Bürger tätig waren. Jetzt treten wir dafür ein, dass jeder als Bürger tätig ist.« Kernelemente sollen »Freiheit, Gerechtigkeit und Liebe« sein – eine Formulierung, in der das christliche Bekenntnis Xus anzuklingen scheint. Die Motivationen innerhalb der Bewegung sind ansonsten sehr unterschiedlich; einer ihrer prominentesten Aktivisten, der zeitweise verhaftete Milliardär und Mikroblogger Wang Gongquan, ist als Buddhist bekannt.

Immer wieder betont Xu, dass die Bewegung nichts mit einer Oppositionspartei zu tun habe oder einer Organisation, der es um Konspiration, Umsturz und Macht gehe. Noch in seinem Schlussplädoyer, das er nur fünf Minuten lang vortragen durfte, beharrte Xu auf seinem gradualistischen Ansatz und empfahl die kapitalistischen Reformen Chinas als Modell für politische Reformen: »Das alte System und seine Interessen bleiben, während zugleich die Kontrolle der Gesellschaft gelockert wird und die demokratischen Räume außerhalb des Systems in eine gesunde Richtung wachsen dürfen.« Einer solchen Vision erteilt die Regierung eine eindeutige Absage. Xu meint, dass alle Leute Masken tragen, er spricht von der Allgegenwart von Lüge, Hilflosigkeit, Wut und Ressentiment.

Recycelte Traditionen

»Die Worte des Konfuzius lesen und lernen, Mensch zu sein«: Diesen Titel gibt der Philosophie-Professor Qian Xun von der Pekinger Tsinghua-Universität einem Manifest, das der chinesischen Gesellschaft eine moralische Fundierung geben will. Das Gefühl allgemeiner Sinnlosigkeit verbreitet sich, und nicht nur gewöhnliche Zeitgenossen, auch die Parteistrategen sind besorgt. Wenn China die Frage nach seiner Identität nicht beantworten kann, heißt es, bleibe sein Aufstieg blind. Jede große Macht in der Geschichte habe der Welt auch Ideen und Ideale geliefert. Aber woher soll man die so rasch nehmen, wenn die Verbindung zur eigenen Tradition schon seit dem demütigenden Zusammenstoß mit Europa im vorvergangenen Jahrhundert nicht mehr selbstverständlich ist? Was für eine Art Konfuzianismus ist es, die die Kommunistische Partei jetzt zu beleben versucht? Und was für eine Art Marxismus will sie neuerdings verbreiten, ohne zugleich vom Kapitalismus abzulassen? Oder sollte man auf der Suche nach dem unverwechselbar Chinesischen überhaupt weniger auf Bücher als auf den Körper schauen, auf die Überlieferungen, wie das »Leben genährt« werden kann? Die Stichworte des dritten Kapitels beschäftigen sich mit den Materialien, aus denen sich China eine neue Corporate Identity zu zimmern versucht.

1. Identität
oder: China muss der Welt Ideen liefern

»Taoguang yanghui« – die eigenen Fähigkeiten verstecken und Zeit gewinnen: Das war Chinas Motto seit seiner Neuerfindung durch Deng Xiaoping. Davon ist heute keine Rede mehr. Auf einer Strategiekonferenz in Peking, zu der die Parteizeitung *Global Times* knapp sechzig chinesische Regierungsberater, Politikwissenschaftler und Ökonomen geladen hatte, sprach man völlig unverhohlen von Chinas »Aufstieg« und »Stärke«. »Europa schaut auf China zurzeit mit mulmigen Gefühlen«, sagte ein Redner, der durch vergleichsweise liberale Ansichten auffiel: »Aber es muss sich an den Gedanken gewöhnen, dass in der Geschichte China fast immer ganz oben stand.«

Dass der rechtmäßige Platz Chinas an der Spitze sei, war die Prämisse aller Disputanten, eine Prämisse freilich, die ihre triumphalistische Phase schon hinter sich hat, wie der sorgenvolle Ton vieler Redner zu erkennen gab. Sie sprachen von ihr eher wie von einer gewissermaßen unvermeidlichen historischen Gesetzmäßigkeit, die jede Menge Probleme mit sich bringe. »Der Zweite hat es immer schwer«, wurde mehr als einmal geklagt, und ein Teilnehmer bemühte eine Analogie aus dem Sport: Wenn der Zweite zum Überholen ansetze, gebrauche der Erste oft seine Ellbogen, um das zu verhindern.

Dem Land, darin war man sich einig, stehen viele Konflikte bevor. Fragen über Fragen stellten sich den Podien und dem Publikum: Amerika ist so aggressiv – was können wir tun? Wird es einen neuen Kalten Krieg geben? Wird die Ökonomie vom Westen politisiert werden? Wie können wir die Chinesen überall auf der Welt schützen? Wie kann man den Aufstieg stabilisieren? Wie können wir unsere Wirtschaft reformieren? Wird Europa überleben? Eine temperamentvolle Wirtschaftsfrau deklamierte mit lauter, sich überschlagender

Stimme: »Das Wesen darf sich nicht ändern. China muss stark bleiben.«

Die Frage ist nur: Was soll diese Stärke, von der China nun keinen Hehl mehr macht, überhaupt bedeuten? Welchen Einfluss will und soll das Land langfristig ausüben, wofür steht es in der Welt? Auf diese Frage gibt die offizielle Staatsrhetorik, wenn überhaupt, nur sehr vage Antworten. Das Konzept der »harmonischen Weltgesellschaft« bleibt, indem es das Prinzip der nationalen Souveränität zum alleinigen Prinzip der internationalen Beziehungen macht, weitgehend im Formalen stecken. Es machte das Besondere der Konferenz aus, dass gleich mehrere Redner diese Leerstelle zum Hauptthema ihrer Beiträge machten.

»Wenn China die Frage nach seiner Identität nicht beantworten kann«, sagte etwa der Politikwissenschaftler Zhang Shengjun von der Beijing Normal University, »bleibt sein Aufstieg blind.« Die Identität eines Landes bestimme seine Interessen, seine Aktionen, die Art und Weise, wie es Verantwortung übernimmt. Zhang hoffte, dass sich Chinas Entwicklung auf Dauer als eine »Renaissance« traditioneller Sitten und Gebräuche, wie sie etwa bei dem Philosophen Mozi angelegt sind, erweisen könne.

Auch He Maochun, der Direktor des Forschungszentrums für Ökonomie und Diplomatie an der Tsinghua-Universität, meinte, die Frage werde bald nicht mehr lauten: Wer ist der Erste in der Welt? Sondern: Wer wird die Probleme besser lösen? Eine große Macht sei auch immer eine Hoffnung für die Welt. Es komme für China darauf an, eine »Haltung« zu entwickeln, die seiner Bedeutung angemessen ist. Dabei könne es von Amerika durchaus lernen. Amerika habe in der Geschichte den Geist der Freiheit und der Liebe verkörpert.

Schließlich monierte Liu Zhuqin, der Chefrepräsentant der Swiss Zürich in Peking, dass China heute zwar das Recht zu reden zugestanden werde, aber niemand ihm zuhöre. Zu den Hypotheken des gegenwärtigen chinesischen Staats zählte Liu, dass ihm eine leitende Idee, eine theoretische Führung fehle. Wenn China seinen Aufstieg fortsetzen wolle, müsse es der Welt auch Gedanken liefern.

Natürlich blieben auch diese Forderungen nach »Identität«, »Haltung« und ideeller Grundierung unbestimmt genug, um nicht allzu angreifbar zu sein. Aber der Kontext machte doch klar, dass nicht irgendeine willkürlich gesetzte Identität gemeint war, sondern eine, deren ethischer Gehalt in der ganzen Welt als solcher verstanden werden kann: eine Identität, mit anderen Worten, die auf universellen Werten gründet. He Maochun wehrte sich ausdrücklich dagegen, die Notwendigkeit einer solchen Haltung allein unter einem so instrumentellen Gesichtspunkt wie dem der »Soft Power« zu behandeln, wie ihn die Parteispitze in den letzten Jahren gern verwendet.

Jene die gesamte chinesische Intellektuellenszene trennende Linie zwischen jenen, denen es vor allem auf die wirkungsvolle Abwehr ausländischer Einflüsse ankommt, und anderen, die von universellen Werten sprechen und den Akzent auf innere Reformen setzen, zog sich also auch durch diese von der Parteizeitung organisierte Tagung. Da warf einer den Amerikanern vor, sie verwendeten die »Theorien des Christentums«: Wenn mit China etwas nicht richtig laufe, müsse man Missionare schicken. Dabei habe Amerika selbst genug Konflikte, und durch seine Kriege seien in den letzten Jahren zahllose Menschen getötet worden. In Wirklichkeit könnten Probleme nur durch Kritik und Selbstkritik gelöst werden. China zum Beispiel habe ein schlechtes Gewissen, weil es nichts gegen die Kriege im Irak und Libyen getan habe. Es habe einfach noch zu wenig Macht dafür. Darauf sagte der Moderator, ohne das eine mit dem anderen im Geringsten zu vermitteln, die Beziehungen zu Amerika hingen vor allem vom Ausmaß der inneren Entwicklung in China ab.

Gegensätzliche Positionen wie diese blieben völlig unkommentiert nebeneinander stehen, ohne dass irgendeiner auch nur den Versuch unternommen hätte, die Linien auszuziehen und miteinander in Beziehung zu bringen. Der Grund mag sein, dass sich jede Seite größeren taktischen Spielraum davon verspricht, dass die Differenzen nicht zu genau fixiert sind. Oder auch, dass sie sich bemüßigt fühlen, der Partei selbst das Recht zur Synthese vorzubehalten. Jedenfalls kehrten sich im Pekinger Kontext die geläufigsten Talkshow-Regeln um, und man konnte eine umso größere Brisanz vermuten, je weniger Streit es gab.

Einen besonders originellen Argumentationsstil führte Xin Xiangyang vom Marxismus-Institut der Akademie für Sozialwissenschaften vor. Zuerst sagte er, China werde der Welt wahrscheinlich ganz neue Wege erschließen, nachdem es in den letzten Jahrzehnten drei wichtige günstige Gelegenheiten klug genutzt habe: die Möglichkeit zu Marktreformen nach der Kulturrevolution, die Auflösung der Sowjetunion und den 11. September. Aber leider seien die ökonomischen Kosten des politischen Systems zu hoch, um sich kontinuierlich weiterentwickeln zu können; zu große Geldmengen würden von ihm verschlungen. Daher bedürfe China einer weiteren günstigen Gelegenheit zu einer neuen Reform.

2. Körper
oder: Die ungeschriebene Überlieferung

Wer nach dem unverwechselbar Chinesischen sucht, das die Wirren des letzten Jahrhunderts und der Globalisierungsstrudel übrig gelassen haben, sollte nicht zuerst auf irgendwelche Kostüme, Bücher oder Ideen schauen, die jetzt zum Teil künstlich, zum Teil spontan wiederbelebt werden, wie der sogenannte »Konfuzianismus«. Er sollte auf Beine, Münder, Rücken und Bäuche gucken. Das unmittelbar Physische ist es, auf das der Forscher nach der chinesischen Kultur heute eher stößt als auf das, was sich in Bibliotheken aufbewahren lässt.

Wie könnte man zum Beispiel daran vorbeisehen, dass in den Parks die Leute – keineswegs komische Sonderlinge, sondern sehr viele Menschen, manchmal auch junge – rückwärtsgehen? Oder ihren Rücken an Bäumen reiben, sich beim Ausschreiten auf die Waden schlagen und in regelmäßigen Abständen kehlige Krächzlaute ausstoßen? Solche Verhaltensweisen gelten nicht als auffällig, sondern sind hier nicht weniger natürlich als das Joggen in einem westlichen Park. Wobei das Verhalten des Joggers, der noch eigens Vorkehrungen treffen muss, nämlich spezielle Schuhe, Trainingshosen, womöglich Pulszähler braucht, als eine weit willkürlichere Veranstaltung erscheint. In chinesischen Parks wird ohne jede Vorbereitung, gewissermaßen aus dem Stand, gerieben, gekrächzt und rückwärtsgegangen. Man setzt dazu noch nicht einmal einen anderen Gesichtsausdruck auf, sondern geht fließend von einem Zustand in den anderen über.

Der Grund ist natürlich die Gesundheit. Wer rückwärtsläuft, aktiviert andere Gehirnzonen als beim Vorwärtsgehen und tut zugleich etwas für das Rückgrat. Wer den Rücken an Bäumen reibt, reizt bestimmte Punkte in der Muskulatur und verbessert so den Fluss des Qi, des Energiestroms, im Körper. Wer Krächzlaute ausstößt, lässt das verbrauchte Qi wieder heraus, was dem inneren Haushalt gleichfalls guttut. Doch wichtiger als die Begründungen im Einzelnen, die alle der traditionellen chinesischen Medizin entstammen, ist die Übergangslosigkeit, mit der sie in die normalen Lebensabläufe eingebettet, ja von diesen gar nicht mehr unterschieden sind.

Das Argument der Gesundheit ist allgegenwärtig in China. Das fängt schon damit an, dass man sich üblicherweise mit der herzlichen Formel »Hast du schon gegessen?« begrüßt, sich als Erstes also um den ausreichenden Stoffwechsel des anderen kümmert. Gleich als Nächstes kommt in privateren Verhältnissen die Sorge um den Teint: Man schaut sich prüfend ins Gesicht und kommentiert anerkennend oder kritisch den Hautzustand des anderen. Gesundheit und körperliche Verfassung gelten nicht als Zufalls- oder Schicksalsprodukt, sondern als persönliches Verdienst, eine Art Charakterzeugnis, und sind deshalb ein bevorzugter Gegenstand persönlich gemeinter Rügen und Komplimente.

Das ist insofern plausibel, als auch der das ganze Leben durchdringende Kanon gesunder Verhaltensweisen normativen Charakter hat. Nach dem Aufwachen sollte man erst einmal mit den Augen rollen, man sollte besser nicht kaltes, sondern warmes Wasser trinken (gilt auch für Bier), und abends soll man die Füße in heißem Wasser massieren. Und »in keinem anderen Land«, spottet der taiwanische Kritiker Su Lonjin, »wird man so häufig wie in China die Aufforderung hören, sich warm anzuziehen«. Er führt das ziemlich ungnädig darauf zurück, dass die chinesische Kultur ihre Angehörigen systematisch infantilisiere und entindividualisiere. Der China-Interpret Lin Yutang dagegen bezeichnete das fern aller Verstiegenheiten bodenständig »Biologische« gerade als den sympathischsten Zug der chinesischen Kultur.

So oder so sticht ins Auge, dass da eine Tradition, deren Ursprünge sich mehr als zweitausend Jahre zurückverfolgen lassen, überraschend intakt geblieben ist – und dies offensichtlich nicht durch Bücherwissen, sondern durch mündliche Überlieferung in den Familien. Die gemäß überkommenen Einsichten vollzogene Sorge um den Körper hat als letztes Rückzugsgebiet des Selbst auch Phasen wie die Kulturrevolution überdauert, als die Worte, Gedanken und Gefühle schon alle enteignet worden waren. Nur der Körper und das, was eine lange Reihe von Ahnen über ihn wussten, blieb übrig als Reservoir für das eigene Leben – und viele mögen das inmitten der Ansprüche des sich ausweitenden Marktes heute ähnlich empfinden. Das alte Körperwissen widerstand den Abstraktionen der Politik, des Kommunismus, anscheinend nicht weniger als denen der modernen ausdifferenzierenden Wissenschaft.

Dabei bezeichnen weder »Körper« noch »Gesundheit« etwas Spezielles, Herausgehobenes. Da man den Dualismus von Körper und Seele in China herkömmlicherweise nicht kennt, gibt es auch nicht das Konzept eines der Seele gegenübergestellten, isolierten »Körpers«. Das gewöhnlich für »Gesundheit« gebrauchte Wort, »shenti«, ist dasselbe, das auch den Körper und das Selbst meinen kann. »Ich prüfe meinen Leib dreimal am Tag«, sagte Konfuzius und meinte damit auch eine Selbstprüfung. Es gibt also von vornherein gar nicht die Spaltung zwischen Zustand und Substanz, Leib und Seele, Fitness und Geist, die durch einen westlichen Begriff wie »ganzheitlich« nachträglich erst wieder aufgehoben werden müsste. Die Gesundheits-Körper-Selbst-Pflege, für die es außerhalb Chinas kein gemeinsames Wort gibt, umfasst im Park eben nicht nur das Rückwärtsgehen, sondern auch das berühmte Schattenboxen, das gemeinsame Singen von Volks- und Revolutionsliedern, das Kalligraphieren auf dem Boden mithilfe langstieliger Pinsel voll Wasserfarbe und den abendlichen Tanz zur Discomusik aus Kassettenrekordern.

Genuss, Kontemplation und medizinisches Kalkül gehen da fließend ineinander über: beim Zubereiten einer Suppe, bei dem man sich Gedanken über die körperlichen Wirkungen jeder einzelnen Zutat macht, ebenso wie bei der Kunst. Kalligraphie, Malen und Musizieren werden nicht anders als Gartenarbeit und Angeln bei Herzproblemen empfohlen, ohne dass da einer das Bewusstsein einer Instrumentalisierung des einen durch das andere hätte. Zugleich sagt ein von der Universität Nanjing herausgegebenes Handbuch zur Lebenskultivierung streng und eindeutig: »Eine übermäßige Beanspruchung des Gehirns ist nicht ratsam.« So schön Geist und Kultur sein mögen, wenn sie einen aus dem Gleichmaß bringen, sollte man sie drosseln.

Im Westen würden sich viele vielleicht mit Händen und

Füßen gegen eine solche Beschwichtigung des Denkens wehren, würden sie genauso für medioker halten wie den ständigen Rekurs auf die Gesundheit für nervend. Chinesische Philosophen dagegen zählen die alles bestimmende Sorge um den Körper gerade zu den tiefsten Einsichten, zu denen das Denken gelangen kann. Der Fluchtpunkt des Denkens ist nicht wie im Westen die potentiell unendliche »Wahrheit«, sondern das endliche »Leben«, das es zu nähren gilt. Ins Grenzenlose ausgreifende Konzepte wie Sinn, Seele und »das Andere« können da nur eine relative Rolle spielen. Im Klassiker »Zhuangzi« fragt im dritten Jahrhundert vor Christus Lückenbeißer seinen Freund Abgetragenes Gewand, worin das vielbeschworene »Tao«, dieser kosmische Weg des Weisen, denn eigentlich bestehe. Doch statt des hochgeistigen Exkurses, den er zweifellos erwartet hatte, erhält er bloß die Antwort: »Bring deine körperliche Form in Ordnung.«

Im Rückwärtsgehen und Baumreiben hat sich also eine Tradition bis heute erhalten, die nicht bloß eine folkloristische Nebenlinie der chinesischen Kultur darstellt, sondern an ihren Kern rührt. Vieles, was China sonst noch an geistigen Orientierungen bereithält, ist von dieser relativierenden Endlichkeitsperspektive durchdrungen. Sogar viele soziale Widerstandsbewegungen, von den »Gelben Turbanen« im zweiten Jahrhundert bis zu den »Boxern« im neunzehnten, beriefen sich oft nicht auf irgendeine Dissidenz, sondern wieder auf den Körper und eine spezielle Weise seiner Kultivierung.

3. Konfuzius
oder: Ein geistiges Zuhause für die Nation

Kong Xiangkai, Nachfahre des Konfuzius in der 75. Generation, hat einen dunklen Teint und raucht Zigaretten der Marke *Zhonghua* (»Chinesisch«): eine vornehme Erscheinung mit vollem weißen Haar, wie er da kerzengerade in der kleinen Runde von Gelehrten und Funktionären sitzt, die in seinem Salon Platz genommen haben. Das Anwesen in Quzhou, Provinz Zhejiang, war für den südlichen Zweig seiner Sippe während der Ming-Dynastie errichtet worden.

Herr Kong redet fast allein. Er arbeite, sagt er, aufs engste mit der Regierung zusammen: Sie wisse, dass er keinen Ärger macht, und lasse ihn alles Mögliche unternehmen, um den Konfuzianismus zu verbreiten. Er wolle nicht groß interpretieren, sondern einfach nur etwas weitergeben, zum Beispiel den Schulkindern, für die er Lesegruppen organisiert. Auch die alten Rituale, sagt er, wolle er bewahren, indem er sie behutsam modernisiere. An den Worten dürfe man natürlich nicht rühren, aber bei der allzu monotonen Musik und bei den altmodischen Kostümen könne man durchaus etwas machen.

Einen Geschmack davon hatte die Runde kurz zuvor erhalten. Ganz Quzhou war aufgeboten, um Konfuzius in seinem Tempel mit einer Zeremonie zu ehren, die Herr Kong persönlich entworfen hat: die Kinder in ihren Schuluniformen, die Soldaten in ihren Militäruniformen, die Gelehrten mit einem kleinen Konfuzius-Text am Revers. Herr Kong und der Bürgermeister schritten gemeinsam nach vorne und machten Kotau vor der großen Konfuzius-Statue; danach rezitierte der Bürgermeister ein Gedicht. Von links und rechts traten junge Männer im weißen Hemd mit Krawatte und junge Frauen im weißen Kleid heran, mit Räucherstäbchen in der Hand, dazu erklang eine melodiöse China-Musik vom Band, und die Kameraleute vom örtlichen Fernsehsender sahen zu, dass ihnen nichts entging. Am Ende sangen alle Anwesenden zusammen die Hymne auf die Große Gemeinschaft aus dem Buch der Riten: »Ist das Große Tao verwirklicht, gehört die Welt allen. Man pflegt Aufrichtigkeit und Eintracht. Deshalb behandelt man nicht nur die eigenen Verwandten wie Verwandte.«

Als der Kaiser Chinas zu Beginn der Südlichen Song-Dynastie im Jahre 1127 gen Süden zog, folgte ihm ein Teil der Konfuzius-Sippe, und ihr wurde die Stadt Quzhou als Residenz angewiesen. Seitdem sind die Nachfahren des Meisters in einen nördlichen und einen südlichen Zweig geteilt, und die aufstrebende Provinzstadt Quzhou, bisher vor allem wegen ihrer Silikon-Industrie bekannt, will daraus nun Kapital schlagen, um nicht länger im Schatten von Qufu, der Heimatstadt des Konfuzius im Norden, zu stehen. Immerhin kamen die fruchtbaren Weiterentwickler der alten Lehre, die Neokonfuzianer, allesamt aus dem Süden. Könnte sich die südliche Linie da nicht auch heute als Ort jener »Erneuerung« des Konfuzianismus profilieren, wie sie die Zentralregierung in Peking neuerdings anmahnt?

So kam es, dass die örtliche Parteiführung in enger Zusammenarbeit mit Herrn Kong nicht bloß ihr eigenes Konfuzius-Ritual entwickelte, sondern auch ihre eigene internationale wissenschaftliche Konferenz veranstaltet, zur selben Zeit, als auch in der Nähe des nördlichen Qufu eine internationale wissenschaftliche Konferenz stattfindet. Ob zufällig oder geplant, repräsentierten die beiden Kongresse just jene zwei Aspekte, unter denen der Konfuzianismus zurzeit von der Kommunistischen Partei gefördert wird. Beim »Nishan Forum der Weltkulturen« in Qufu ging es um die chinesische »Soft Power« in der Welt, als deren Emblem der Meister herhalten muss; das Treffen richtete sich daher vor allem ans Ausland, und einige der Vorträge wurden in der englischsprachigen Staatspresse veröffentlicht. Etwa jener, in dem der in Harvard lehrende Konfuzianer Tu Weiming prophezeite, dass das ostasiatische Moderne-Konzept mit konfuzianischen Charakteristiken wieder zu einer Inspirationsquelle für Intellektuelle in der ganzen Welt werden könnte.

Die Konferenz in Quzhou, die von der Philosophischen Abteilung der Akademie für Sozialwissenschaften in Peking mitorganisiert wurde, drehte sich dagegen um die Frage, ob der Konfuzianismus bei den heutigen Orientierungsnöten in China selbst helfen kann. Schon der stellvertretende Präsident der Akademie hatte in seiner Begrüßungsansprache von der Herausforderung gesprochen, der Gesellschaft eine moralische Fundierung zu geben. Deutlicher wurde der Philosoph Qian Xun von der Pekinger Tsinghua-Universität. Er präsentierte eine persönliche Erklärung unter dem Titel: »Ein geistiges Zuhause für die Nation aufbauen – Lunyu (die Worte des Konfuzius) lesen und lernen, Mensch zu sein«. Seit der Kulturrevolution, die die traditionellen Werte beseitigt habe, fehle dem Land eine geistige Stütze. Das Gefühl einer allgemeinen Sinnlosigkeit verbreitete sich immer mehr. Deshalb sei der Konfuzianismus heute weniger eine Aufgabe für den Staat als für die Zivilgesellschaft: Qian regte kleine Lesegruppen in der Schule, in der Nachbarschaft und unter Freunden an, damit allmählich ein gesamtgesellschaftliches Ethos entstehen könne.

Was aber kann man sich unter »Konfuzianismus« überhaupt vorstellen? Das Reden darüber krankt auch in China oft daran, dass die Selbstexplikation entweder über eine Wiederholung der traditionellen Formulierungen nicht hinauskommt oder sich umstandslos in westliche Begriffsraster fügt und dabei ihr Spezifisches verliert. Es scheinen angemessene Kategorien dafür zu fehlen, um das Besondere der chinesischen Denkbewegung mit dem internationalen Diskurs in eine Beziehung zu setzen. Guo Yi von der Akademie für Sozialwissenschaften warnte in Quzhou deshalb davor, den Konfuzianismus für eine starre Doktrin zu halten; so wie jedes Zeitalter den Meister auf seine Weise wiederbelebt und angepasst habe, sei auch heute eine neue theoretische Grundlegung vonnöten.

Einen möglichen Ansatz dafür stellte der Philosophiehistoriker He Jun von der Zhejiang-Universität vor. »Zhong« und »Shu« hatte Konfuzius selber als Inbegriff seiner Lehre bezeichnet (Lunyu IV,15): also die Gewissenhaftigkeit, die Internalisierung moralischer Normen, auf der einen Seite und auf der anderen die »Vergebung« (bisweilen nicht ganz exakt als Sympathie, Rücksichtnahme oder Gegenseitigkeit übersetzt). Mit Normsetzungen seien Philosophen und Politiker immer leicht bei der Hand, sagte He Jun nun, doch die gegenwärtige Epoche der Vielfalt, in der auf nationaler wie internationaler Ebene immer mehr Disparates aufeinanderstößt, bedürfe vor allem jenes zweiten Elements, der Vergebung. Dabei handle es sich jedoch nicht um ein standardisierbares Rezept, sondern um ein Richtmaß, das immer wieder neu austariert werden müsse. He Jun interpretierte das konfuzianische Prinzip »Zhong Yong« (Mitte und Maß) als »dynamische Angemessenheit«: Wie beim Fahrradfahren schaffe da erst die Bewegung das nötige Gleichgewicht. Fern aller relativistischen Fehldeutungen könne das konfuzianische Denken also eine Rationalität zum Ausdruck bringen, die aus dem Zusammenhang des Alltags und des Lebens erwächst.

Eine solche Ethik der Verschiedenheiten und der beweglichen Balance, die so gar nicht mit dem konventionellen Bild des Konfuzianismus übereinstimmt, könnte auch über China hinaus Aktualität bekommen. Ihre Kategorie der Vergebung könnte einen Abstand herstellen zu dem Aufeinanderprallen der Prinzipien, zu dem sich die Kulturen zunehmend verurteilt sehen. Zugleich wäre ein solches Denken, das aus der Bewegung kommt, eine Herausforderung für das herkömmliche Verständnis von Rationalität – wenngleich die europäische Philosophie Anknüpfungspunkte durchaus auch innerhalb ihrer eigenen Traditionen, etwa bei Aristoteles, finden kann.

Die Konferenz lief auf eher politische Operationalisierungen hinaus. Die fast einstimmig angenommene Schlusserklärung von Quzhou ruft zum gemeinsamen Aufbau einer »geistigen Heimat für die Menschheit« auf, die sich vom Konfuzianismus zu lebenslangem Lernen, Bildung für alle, harmonischen Familienbeziehungen und der Schlichtung globaler Konflikte inspirieren lässt. Die Idee, den Vereinten Nationen den Geburtstag des Konfuzius am 28. September als Internationalen Lehrertag vorzuschlagen, wurde wohlwollend erwogen, dann aber als unrealistisch verworfen.

Ganz am Ende gab es dann noch einen Warnschuss. Der Philosoph Li Jingyuan von der Akademie für Sozialwissenschaften sprach sich in seinem Schlussreferat scharf dagegen aus, Konfuzius und Marx gegeneinander auszuspielen. Wer darauf beharre, dass beide nicht miteinander vereinbar seien, riskiere, dass der Konfuzianismus ein weiteres Mal von der Bildfläche verschwinde. Das markiert den gegenwärtigen Stand: Die Kommunistische Partei fördert die Belebung der Tradition auf verschiedenen Ebenen, gleichzeitig aber warnt sie davor. Die Machtfrage darf nicht berührt werden.

4. Marxismus
oder: Die Einheit der Gegensätze

Staats- und Parteichef Xi Jinping verlangt von seinen Funktionären wieder, dass sie den Marxismus nicht nur im Munde führen, sondern wirklich an ihn glauben. Doch was »Marxismus« im Gefüge der Macht und des intellektuellen Lebens in China bedeutet, ist alles andere als eindeutig. Schon vor Xis Machtantritt wurde ein neues Marxismus-Institut nach dem anderen gegründet, und angehende Journalisten, die sich zuletzt eher an angelsächsischen Zeitungsstandards orientierten, müssen wieder Marx' Ansichten über das Nachrichtenwesen studieren. Im Zuge eines Unternehmens namens »Marx-Projekt« (in China kurz Ma Gongcheng, »Ma-Projekt«, genannt), wurden Hunderte Millionen Yuan und fünfhundert Forscher von hundert Universitäten aufgeboten, um den Marxismus im Licht der heutigen chinesischen Praxis zu erneuern. Außerdem sollten zeitgemäße Lehrbücher für Studenten erarbeitet werden sowie eine neue Übersetzung von Marx und Engels aus dem Deutschen und Englischen, nachdem sich die bisherige, 1987 vollendete Gesamtausgabe noch auf russische Übersetzungen stützte.

2010 berichtete der damalige geschäftsführende Direktor des Marxismus-Instituts an der Chinesischen Akademie für Sozialwissenschaften, Cheng Enfu, dass sein Institut viele Aufträge direkt von Partei und Verwaltung erhalte, doch im Unterschied zu den meisten staatlichen Thinktanks gehe es ihm um eigene Forschung und nicht darum, der Regierung nach dem Munde zu reden. Wenn man mit Cheng spricht, sollte man nicht glauben, dass er ein Vertreter der offiziell herrschenden Ideologie ist: Er sah sich von lauter Denkrichtungen umstellt, die er allesamt für einflussreicher hält. Er nannte eine Umfrage unter 1833 Akademikern, von denen sich 54,6 Prozent von Konfuzius oder Laotse geprägt sehen und nur 30,5 Prozent von Karl Marx. Und nicht einmal auf die sogenannten Marxisten sei Verlass. Die Neue Linke, die sich um das Internetportal »Utopia« sammelt, wolle einen »Sozialismus für Kleinkapitalisten«, und die Theoretiker an der Parteihochschule frönten bloß einem »Kompromiss-Marxismus«, der weder die westlichen Theorien verstanden habe noch das, was Sinisierung bedeute.

Tatsächlich werden mit dem marxistischen Vokabular in China heute Ansichten vertreten, die höchst selektiv mit den traditionellen Lehren umgehen. Keine der verschiedenen Richtungen erweckt den Eindruck, als sei sie auf Marx angewiesen; mit dem marxistischen Code werden vielmehr völlig unterschiedliche, ja konträre Ansichten vertreten. Auf der einen Seite ist der Marxismus der verpflichtende Überbau des Staats geblieben, den sich nicht nur die Parteianwärter, sondern alle Schüler, Studenten und Beamten im Land zu eigen machen müssen. Doch auf der anderen Seite scheinen spezifisch marxistische Ideen nicht die geringste Spur im Diskurs des Landes zu hinterlassen. Nicht einmal in den hochoffiziellen Reden des Generalsekretärs der Kommunistischen Partei Chinas, die semantische Duftmarken aller relevanten geistigen Strömungen einzubeziehen pflegen, findet sich ein direktes Marx-Zitat. Erst recht ist dort kein Hinweis darauf zu entdecken, wie der Fluchtpunkt der Theorie, der Klassenkampf, mit der Dominanz des Kapitalismus und mit dem Primat der Harmonie zu vereinbaren sein könnte.

Xi Jinping spricht von der Entwicklung eines »Marxismus-Modells der regierenden Partei«, die sich immer schon dadurch ausgezeichnet habe, dass sie »die Theorie mit den Realitäten des Landes und den Eigenheiten der Zeit verbunden« habe. Die Theorie wird also durch die Partei, die sich auf sie beruft, zugleich relativiert; die Theorie läuft auf die Partei hinaus, nicht umgekehrt.

Das war schon 1919 bei der ersten Begegnung Chinas mit dem Marxismus so, als der Initiator einer einschlägigen Studiengruppe an der Peking-Universität in Ermangelung eines chinesischen Industrieproletariats eine markante Abänderung an der ursprünglichen Lehre vornahm: China sei von ausländischen Mächten so abhängig wie in Europa das Proletariat von den Kapitalisten und könne deshalb in toto als »proletarische Nation« bezeichnet werden. Diese Unbekümmertheit um authentische Auslegung wurde durch Mao fortgesetzt, der gegen die »faulen Dogmatiker« in den eigenen Reihen zu wettern pflegte.

Seither haben er und seine Nachfolger die abenteuerlichsten Volten mit dem marxistischen Material vollzogen, wobei sie die Methode des Marxschen Denkens systematisch gegen dessen Ergebnisse ausspielten: Statt auf Themen wie Antikapitalismus, Planwirtschaft oder Revolution zu beharren, hielten sie allein an der materialistischen und dialektischen Perspektive auf die Welt fest, die den Gang der Geschichte in deren innerer Widersprüchlichkeit zu überblicken verheißt. Der Vorteil der Methode liegt darin, dass sie äußersten Pragmatismus mit dem Nachweis der historischen Notwendigkeit einer alle historischen Prozesse gleichzeitig in den Blick nehmenden und planenden Institution, der Kommunistischen Partei also, verbindet.

Hinzu kommt, dass die materialistische Dialektik einen gewissen Widerhall in nichtessentialistischen Denktraditionen Chinas findet, die immer schon stärker an den Bedingungen von Bewegungen als an feststehenden Definitionen interessiert waren. Im Bereich der Methode hat das angemahnte Sinisierungsprojekt deshalb die besten Aussichten, die westliche Herkunft der chinesischen Staatsdoktrin einmal vergessen zu machen.

Der Marxismus scheint zu einem Gehäuse mutiert zu sein, in dem sich so ziemlich jede Art Politik unterbringen lässt, solange sie nur als Einheit der Gegensätze unter dem Dach einer autoritären Partei interpretiert werden kann – und insofern auch als Gegenmodell zur westlichen Demokratie taugt.

5. Tsingtau
oder: Das Pompeji des Kolonialismus

Oberförster Hass hat ganze Arbeit geleistet. Den Weg vom Haus des Gouverneurs hinunter in die Stadt begleitet einen der Duft der Fichten, die hier zu Beginn des zwanzigsten Jahrhunderts dicht an dicht gepflanzt wurden. Sogar Hasen, Rehe und Fasane soll der tüchtige Förster Zeitzeugenberichten zufolge aus Deutschland importiert haben. Jetzt ist es Abend in »Tsingtau«, wie dieser Flecken im Nordosten Chinas daheim im deutschen Kaiserreich genannt wurde;

einige Sterne schaffen es, durch den Dunst hindurchzublinken, und von unten, von der Stadt her, leuchtet der schwache gelbe Schein einiger Straßenlaternen. Hinter dem von einem Pförtner bewachten schmiedeeisernen Tor sieht man die ersten kleinen Gründerzeitvillen, die in späteren Zeiten von einem bräunlichen Putz bedeckt wurden, der im Moment abbröckelt. Es ist still, kaum ein Fußgänger spaziert vorbei, nur ein schwachbesetzter Bus brettert alle paar Minuten um die Kurve. Der Geruch von Braunkohle verdrängt den der Fichten. Plötzlich ein Déjà-vu: Ist das nicht die gerade untergegangene DDR, Anfang der neunziger Jahre ungefähr, als die verfallenen Altimmobilien eine längst vergangene, im Westen fast vergessene Zeit einkapselten?

Vor gut einem Jahrhundert endete die Zeit des deutschen »Schutzgebiets Tsingtau«, als die gerade mal 4300 Mann starke deutsche Garnison am 7. November 1914 vor den 30 000 Japanern kapitulierte, die die Stadt belagert hatten. »Einstehe für Pflichterfüllung bis zum Äußersten«, hatte der Gouverneur, Kapitän zur See Alfred Meyer-Waldeck, dem Kaiser gekabelt, doch am Ende konnte er sein Pflichtbewusstsein am besten durch die Einsicht beweisen, dass weiterer Widerstand zwecklos war. Eine Note an die britische Regierung sprach vom bisher »schwersten Schlag gegen die deutsche Weltmacht«. Im Ganzen des Ersten Weltkriegs markierte die Niederlage nur eine kleine Episode, doch später zeigte sich: Es war der Anfang vom Ende des imperialen Traums, nicht nur für das Deutsche Kaiserreich. Und es war der Beginn eines anderen Traums: Mit der Empörung über die im Versailler Vertrag verweigerte Rückgabe Qingdaos an China ging von Peking eine nationale Erweckungsbewegung aus, die später in die Kommunistische Partei, die Volksrepublik und den militärischen und ökonomischen Wiederaufstieg der einstigen Weltmacht mündete. Während sich die mit so viel Pathos besetzten Erwartungen des fernen Kolonialherrn im Nachhinein als eher tragikomische Eintagsfliege erwiesen, brachten deren Auswirkungen für China eine Umwälzung hervor, die man im Anschluss an eine Lieblingsvokabel Wilhelms II. tatsächlich als »weltpolitisch« bezeichnen kann.

Von dem Hügel, in den hinein das Gouverneurshaus gebaut ist, hat man einen guten Blick über die deutsche Kleinstadt mit ihren Ziegeldächern und Kirchtürmen, die Qingdao bis heute ist, während am Horizont die Wolkenkratzer und Hochhäuser des gegenwärtigen Qingdao aufragen, einer Acht-Millionen-Metropole, die demnächst über den größten Hafen der Welt verfügen soll. Auf halbem Weg zum Gipfel kommt man an einer unschuldig wirkenden Holzhütte vorbei, an der ein Schild informiert: »Das 1897 errichtete Blockhaus ist der Beweis des Verbrechens der deutschen Invasion von Qingdao. Heute fungiert es als Erziehungsbasis des Patriotismus und ermahnt unsere Nachkommen, die schmachvolle Geschichte unseres Landes nicht zu vergessen.« Das ist eine der wenigen Stellen, an denen sich das heutige Qingdao eindeutig zum Kolonialismus positioniert. Die Jahreszahl 1897 ist insofern von Bedeutung, als der Pachtvertrag über die Bucht von Jiaozhou, der der deutschen Besetzung den Anschein der Legitimität verleihen sollte, erst 1898 geschlossen wurde. Doch schon zwischen 1868 und 1871 hatte der Geologe Ferdinand Freiherr von Richthofen in offiziellem Auftrag die Gegend bereist und sie in einem Gutachten als »Schlüssel zur wirtschaftlichen und kommerziellen Beherrschung dieses Landes« empfohlen. Die Ermordung zweier deutscher Missionare im November 1897 bot dann den Vorwand für die Besetzung der Bucht, und am 6. März 1898 wurde den machtlosen Machthabern in Peking ein Pachtvertrag für 99 Jahre aufgezwungen.

Bei einem Besuch empfiehlt es sich, als Erstes das monumentale Stadtmuseum zu besichtigen, das erst nach einer längeren Küstenfahrt in einen anderen Stadtteil zu erreichen ist. Dort fängt die Geschichte der Stadt nicht erst mit den Deutschen an, sondern schon Jahrtausende zuvor. Man kann ein Modell der Stadt Jiaozhou während der Song-Dynastie sehen, als sie Banqiao hieß und bereits einen wichtigen Hafen besaß. Und man kann in dem Museum einen Bildband kaufen, den der aus Qingdao stammende Briefmarkensammler David Lu 2004 mit Ansichtskarten aus dem alten Tsingtau gestaltet hat.

Dieses Buch kann man wie einen Stadtführer benutzen. Fast alle Häuser stehen noch, manche wie die alte Post penibel restauriert, manche wie das Bahnhofsgebäude abgerissen und im alten Stil wiederaufgebaut, andere wie das Seemannshaus, das die Matrosen bei ihren Landgängen besuchten, verfallen. Das frühere Hotel Prinz Heinrich an der Küstenstraße Taiping Lu (früher: Kaiser-Wilhelms-Ufer) heißt heute Prince-Hotel, aber es hat von außen seine Ostsee-Anmutung behalten (drinnen laufen leise Leonard-Cohen-Lieder, und es gibt außer Tee auch Kaiser-Weiße-Bier). Auch die Anlage der Straßen ist geblieben – nur dass die damals gepflanzten Bäume inzwischen hochgewachsen und die auf den Postkarten bisweilen surreal wirkenden Leerflächen zwischen den Häusern mit späteren Gebäuden aufgefüllt sind.

Am verblüffendsten ist, dass auch die Atmosphäre einer deutschen Kleinstadt älteren Typs geblieben ist. Nur wenige Menschen sind auf der Straße, es gibt kaum Lokale und nur wenige Geschäfte, es herrschen, man kann es kaum anders sagen, Ruhe und Ordnung. Allenfalls die auf den Balkonen zum Trocknen aufgehängte Wäsche erinnert daran, dass man nicht in Deutschland ist. In einer Stadt wie Peking wäre das exotische Quartier wahrscheinlich längst zu einem Ausgehviertel für konsumfreudige Jugendliche und Kulturtouristen umfunktioniert worden, zu einer einzigen historischen Themenpark-Shoppingmall voller Cafés und Galerien. Hier aber verwittert alles vor sich hin, fast so, als wäre das beschauliche Areal am Rande der boomenden Stadt ein wenig vergessen worden. Die noch existierenden Tourismusinformationen in diesem Gebiet sind dunkle, mit Paketballen zugestellte Ge-

lasse, in denen niemand mehr darauf vorbereitet ist, irgend-
jemandem eine Information zu geben.

In diesem Pompeji des deutschen Imperialismus lebten
1913 knapp 60000 Menschen. Die offiziellen Statistiken zählten 53312 Chinesen, 2400 deutsche Soldaten, 2069 europäische und amerikanische Zivilisten, 205 Japaner und 25 »andere Asiaten«. Wenn Tsingtau in den Erinnerungen der einstigen Kolonialisatoren übereinstimmend als »Paradies auf
Erden« bezeichnet wird, ist damit natürlich nur die am südlichen Landzipfel gelegene, sogenannte Europäerstadt gemeint. Die meisten Menschen wohnten aber in den sich
nach Norden hin anschließenden Stadtteilen: zuerst Dabao-
dao, in dem außer chinesischen Händlern und Handwer-
kern auch einige deutsche Geschäftsleute lebten, und den
Arbeitervierteln Taixizhen und Taidongzhen, die nur von
Chinesen bewohnt wurden. Noch heute sieht man auf der
ehemaligen Friedrichstraße, die heute Zhongshan Lu heißt,
wie sich die geplante Einwohnersegregation in unterschied-
lichen Baustilen niederschlug. Bis zu der Ecke Dexin Lu
(früher: Hohenloheweg) herrschen zweigeschossige Grün-
derzeithäuser vor, das schönste direkt an der Ecke wird gerade restauriert und gehört der Polizei. Nördlich davon gibt es
fast nur einstöckige Gebäude ohne jedes Ornament, die im
Parterre heute von Gemüseläden und Billigelektronikge-
schäften besetzt sind, während im südlichen Teil der Straße
mehrere Banken residieren.

Es galt das Apartheid-Prinzip, dass in der Europäerstadt
keine Chinesen leben sollten – eine Regel, die man durch
die Anwesenheit des selbstverständlich chinesischen Dienst-
personals freilich nicht durchbrochen sah. Als aber 1905 der
chinesische Herausgeber der Zeitung *Jiaozhou Bao* seine Kinder in der deutschen Gouvernementsschule anmelden wollte,
protestierten die deutschen Bürger. Es wurden zwar eigens
Volksschulen für chinesische Kinder und später eine deutsch-
chinesische Hochschule zu Zwecken der auswärtigen Kultur-

politik ins Leben gerufen, doch eine Vermischung von Gleich zu Gleich war nicht vorgesehen. Die Schule in der Jiangsu Lu (früher: Bismarckstraße) ist eines der wenigen Gebäude im Kolonialstil, wie ihn die anderen Mächte pflegten; ansonsten bestanden die Deutschen darauf, exakt so zu bauen wie in der Heimat, allenfalls, wegen der erwarteten vermehrten Sonneneinstrahlung, mit einer höheren Zahl von Veranden. Heute ist die Schule eine normale Bezirksschule, vor der ein Plakat mit der Aufschrift hängt: »Ich bin stolz, ich bin selbstbewusst, ich bin Chinese.«

Die schriftlichen Erinnerungen, die die deutschen Tsingtauer hinterlassen haben, quollen noch nach Jahrzehnten über vor Begeisterung über dieses »herrliche Stückchen Erde«, das die Deutschen »aus dem elenden kleinen chinesischen Fischerdorf« gemacht hätten. Es muss ein munteres, um die Zukunft unbesorgtes Leben gewesen sein, das man sich in der fremden Heimat leistete: »Von fern schon sah man die Kriegsfahne flattern, die stets mit lautem Hurra begrüßt wurde«, heißt es in dem mehrteiligen Roman »Fritz Vogelsang« von Paul Lindenberg. Ein anderer Zeitzeuge schwärmt: »In Tsingtau hatte es eigentlich jeder gut, ob Offizier oder Matrose, Beamter oder Kaufmann, jeder fühlte sich wohl und kam schnell vorwärts. Geld spielte keine Rolle, jeder hatte genug, es war ja alles so lächerlich billig.« In das Wohlwollen wird auch die vorgefundene Bevölkerung einbezogen, allerdings natürlich nur an dem ihr zugewiesenen Platz: »Die Chinesen sind ausgezeichnete Diener und Köche, meist auch ehrlich und sehr anspruchslos.«

Exemplarisch sind die Memoiren von Gunther Plüschow, des berühmten »Fliegers von Tsingtau«, dessen Abenteuer und fliegerische Kapriolen nach dem Krieg zu einem Trost spendenden Bestseller wurden. Er schildert, wie er als junger Leutnant nach seinem Eintreffen in Tsingtau als Erstes eine »entzückende kleine Villa« mietet und seine mit deutschen Namen versehenen »dienstbaren Geister« kennenlernt: »Moritz, der Koch, in seinem schönen blauseidenen Ischang, Fritz, der Mafu (Pferdeknecht), stets grinsend, dafür aber um das Wohl der Pferde sehr bedacht; Max, der Gärtner, faul wie die Sünde, und endlich August, der frische kleine Landjunge«.

Heute trifft man im Europäerviertel auf keine Ausländer mehr, allenfalls noch auf den ein oder anderen einsamen Rucksacktouristen. Und auch von der großen deutschen Kulturambition ist nichts mehr zu sehen. Deutsche Beschriftungen gibt es nur noch im früheren Gefängnis, das heute ein Museum ist. Hier kann man auch die Puppen von zwei deutschen Polizisten besichtigen, die sich in einem Büro mit Archivschränken und Handschellen an den Wänden zu schaffen machen. Aber in seinen Produkten ist Deutschland überall anwesend, im Kopfsteinpflaster einiger Gassen, in den Fluren, in die man durch manche offene Haustür hineinschauen kann und die von Berliner Hausfluren nicht zu unterscheiden sind, und natürlich im Bier. Die Marke »Tsingtao« gehört heute einem chinesisch-japanisch-britisch-amerikanischen Konsortium, und ihr Bier wird seit der Privatisierung auch nicht mehr ganz gemäß dem deutschen Reinheitsgebot hergestellt. Doch die alte Germania-Brauerei von 1903 kann man noch besichtigen, sie ist jetzt ein Biermuseum.

Die Leute in Qingdao verbinden eher die Wasserleitungen mit den Deutschen. Ein Taxifahrer meint im Überschwang, die deutschen Wasserleitungen würden immer noch besser funktionieren als die, die heute angelegt werden. Manchmal hat man das Gefühl, als sei der Moment der vorletzten Jahrhundertwende wie eingefroren. Im Dom zum Beispiel, in dem ein Tryptichon der damals aktuellen heiligen Therese von Lisieux noch so bunt und leuchtend strahlt wie ehedem; andernorts hätte es wegen akuten Kitschverdachts die Zeit wohl nicht überstanden. Gleichzeitig haben sich manche alten Gemäuer neuen Funktionen angepasst. Gegenüber dem Dom befindet sich heute ein langgestrecktes Restaurant für

Hochzeitsbankette; trotz klammen Nebelwetters posieren auf dem Domplatz mehrere Paare für die Fotografen.

Weniger als sechzehn Jahre dauerte die deutsche Besetzung, und man staunt, wie viel Planung, Ehrgeiz, Ideen, Kapital und Personal sie in so kurzer Zeit in diesen Flecken investiert hat. Es sollte eine langfristige Investition werden für das Jahrhundert, das gerade begann – eine Musterstadt für künftige Schutzgebiete in aller Welt. Unter dem Dach des militärisch-ökonomischen Brückenkopfs gediehen freilich auch Bestrebungen, die nur zum Teil dem kolonialen Schema gehorchten. Der protestantische Missionar Richard Wilhelm, der von 1899 bis 1920 in Tsingtau lebte, entwickelte sich zum Initiator eines europäisch-chinesischen Gedankenaustauschs, der großen Einfluss auf die deutsche Literatur in den zwanziger Jahren ausübte. In seinem Bericht »Die Alten von Tsingtau« hat er geschildert, wie nach dem Sturz des chinesischen Kaisertums eine eindrucksvolle Truppe von Gelehrten, Beamten und Mönchen, die sich in der neuen Zeit nicht mehr zu Hause fühlten, in der deutschen Kolonie Zuflucht suchte. Wilhelm versammelte sie in einem Salon, in dem die alte Welt Chinas noch einmal auf die alte Welt des Abendlands, namentlich das von ihm freisinnig repräsentierte Christentum, treffen konnte. Mithilfe chinesischer Freunde begann Wilhelm damals seine Übersetzungen von Konfuzius, Menzius, Zhuangzi und vor allem des »Buchs der Wandlungen«, die deutsche Autoren von Brecht und Kafka bis Döblin, Hesse und C. G. Jung mit chinesischen Motiven versorgte. »Wie ein wirrer Traum gingen jene Tage vorüber«, schrieb der Missionar, der sich später rühmte, keinen einzigen Chinesen getauft zu haben.

Heute ist von Deutschland und dem alten China in der kleinen Bibliothek des »Ratskellers« wenig zu finden. Doch es gibt, von Rousseau bis Che Guevara, lauter andere interessante Titel, die man in einem Lokal mit einem solchen Namen nicht erwartet hätte. Der Ratskeller wird als deutsches

Restaurant geführt, und in der Tat kann man hier Nürn-
berger Würste essen. Aber es gibt auch Lachs-Carpaccio und
Spaghetti, und die Einrichtung ist mit den vielen Spiegeln
und der miróesken Wandbemalung eher am internationalen Arthotel-Standard orientiert. Die Atmosphäre aber ist, obwohl sich nur Chinesen im Raum befinden, mit den Kerzen
auf dem Tisch und den gedämpften Gesprächen so deutsch,
als ob die alten Gemäuer den Genius loci all die Jahre über
festgehalten hätten.

Der Ratskeller gehört zum ehemaligen Wohnhaus des
Gouverneurs. Früher, als die Residenz ein staatliches Gäste-
haus war, sollen Mao und Tschou En-lai hier im holzgetäfel-
ten Ballsaal tolle Partys gefeiert haben. Jetzt begrüßt das etwas unterhalb gelegene Boutiquehotel »The Castle« seine
Gäste mit dem im Eingang aufgestellten Satz: »Genießen Sie
die adligen Privilegien wie der Gouverneur.« Wenn es nach
den chinesischen Geschäftsleuten geht, soll sich heute ruhig
jeder als Kolonisator fühlen dürfen, solange er dafür bezahlt
und sich nicht weiter auffällig benimmt.

Das kulturelle System

»Eine Kunst, die parallel mit der Politik liefe oder unabhängig von dieser wäre, gibt es in Wirklichkeit nicht«, sagte Mao 1942 in den Höhlen von Yanan. Heute sagt der Künstler und Kunstmessendirektor Zhou Tiehai, in Europa möge Kunst ein Diskursgegenstand sein, in Schanghai sei sie vor allem etwas, vor dem man ein Selfie macht. Beide Statements entsprechen und ergänzen einander. Die Kommunistische Partei hat aus dem Begriff »Kulturindustrie« ein Schlüsselwort ihres Modells einer leninistisch organisierten Postmoderne gemacht. Jetzt sollen die Künste, gerade auch die zeitgenössischen, zum Upgrading des Staats, der Städte und einzelner Immobilienprojekte beitragen – ganz abgesehen vom Geschäft, das man mit ihnen machen kann. Gleichzeitig werden Überwachung und Zensur verstärkt. Die Volksbefreiungsarmee betreibt das wichtigste Auktionshaus des Landes, sogenannte kultivierte Funktionäre machen es vor, wie man mit Kunstkäufen die Korruptionsbekämpfung unterlaufen kann, und die »Konfuzius-Institute« versuchen weltweit zu definieren, was heute unter »China« zu verstehen ist. Die Stichworte des vierten Kapitels beschäftigen sich mit den bisweilen verblüffenden Synergien zwischen Kultur, Politik und Business in China.

1. Kulturindustrie
oder: Dem Markte dienen

Welche Art Kultur will der chinesische Staat? So leicht wie zu Maos Zeiten ist diese Frage nicht zu beantworten, seitdem sich die Kommunistische Partei das Konzept der »Kulturindustrie« zu eigen machte und daranging, öffentliche Kulturinstitutionen wie Opern oder Verlage in marktwirtschaftliche Unternehmen umzuwandeln. Wenn sich der Kulturminister zur Lage äußert, spricht er erst mal darüber, dass die Kultur so oder so viel Prozent des nationalen Bruttoinlandsprodukts erreichen solle und wie hart er daran arbeite, die Kulturindustrie voranzubringen. Oder er beklagt, dass viele »Kultur-Ressourcen« des Landes immer noch nicht in »Kulturprodukte« überführt seien und dass viele Kulturprodukte immer noch nicht der Nachfrage der Konsumenten entsprächen.

Die Kommunistische Partei Chinas gebraucht die Vokabel »Kulturindustrie« nicht nur ungeniert, sie macht aus ihr das Schlüsselwort ihres Modells einer leninistisch organisierten Postmoderne: eine Zauberformel, die Ideologie, Kultur, Staat und Wirtschaft wundersam vereint. Es soll »eine flexiblere Umgebung für die Kulturindustrie« geschaffen werden, sie soll dabei helfen, nationale China-Marken zu entwickeln und die zurückgebliebenen Regionen im Westen des Landes auf die Beine zu bringen.

Die Kommunistische Partei Chinas hat sich anscheinend endgültig dazu entschlossen, die Kultur in marktwirtschaftlichen Kategorien zu verstehen. Was das bedeutet, ist alles andere als harmlos oder banal, auch wenn marktwirtschaftliche Reformen für China schon lange nichts Neues mehr sind. Denn wie in allen sozialistischen Ländern nimmt die Kultur auch in der Volksrepublik bis heute eine sorgsam gehütete Sonderstellung ein. Sie gilt nicht bloß als Instrument der Propaganda, sondern als die symbolische Form des Neuen Lebens selbst, für das die Kommunistische Partei steht. »Eine Kunst, die parallel mit der Politik liefe oder unabhängig von dieser wäre, gibt es in Wirklichkeit nicht«, sagte Mao 1942 in seiner berüchtigten Rede in Yanan. Der oberste Künstler ist in gewisser Weise die Partei selbst, die, wieder nach einem berühmten Mao-Wort, die schönsten Schriftzeichen auf das leere Blatt des Volkes malt.

Das oberste Prinzip »Dem Volke dienen« gilt auch heute noch. Der Staats- und Parteichef Xi Jinping beharrte in einer programmatischen Rede auf dieser Formel, als er die Künstler dazu aufrief, sich immer wieder diese Frage zu stellen: Wem dienen wir? Dem »Volk« zu dienen heißt für die Kunst, sich der der Partei unterzuordnen, die als Avantgarde des Volks jederzeit weiß, was jenes ist und will. Die Künste sollen den Patriotismus als ihr Hauptthema betrachten und »korrekte Ansichten« zu Geschichte, Nation und Kultur hervorbringen.

Die Pointe des Kulturindustrie-Begriffs ist nun, dass er diesen Macht- und Definitionsanspruch mit den Bedingungen des Markts zusammenbringt. Zu den Säulen der chinesischen Kulturpolitik gehört nämlich auch die Perfektionierung des »Monitorings« über den Kulturmarkt, es soll dazu ein einschlägiger »Langzeit-Management-Mechanismus« mit immer präziseren Regulierungen eingerichtet werden. Die Kontrolle fällt also mitnichten fort, sie wird jetzt nur in betriebswirtschaftlichen Begriffen beschrieben. Ganz abgesehen davon, dass im Zweifel ohnehin andere Abteilungen zuständig sind, die Agenten des Sicherheitsministeriums, die alles, was die Macht als Gefährdung einstuft, verfolgen.

Was die Partei an der »Kulturindustrie« beeindruckt, ist wohl am meisten die Idee des Marketings. Sie löst die beiden dringlichsten Fragen der chinesischen Kulturpolitik auf einen Schlag. Das ist zum einen: Wie kann das alte Kulturland China wieder ein Bild von sich hervorbringen, das die Welt überzeugt? Das eklatante auswärtige »Kulturdefizit« Chinas wird zunehmend als Skandal empfunden. Das Verhältnis des Imports zum Export etwa von Büchern betrage zehn zu eins, bezogen auf westliche Länder vermutlich hundert zu eins. Das will man nicht länger hinnehmen. Und die andere Frage: Wie lässt sich die zunehmende Diversifizierung und Zersplitterung der Gesellschaft entschärfen, so dass sie der regierenden Partei nicht um die Ohren fliegt?

In dieser Lage scheint die Regierung nach 1989 die Entwicklung nicht nur der Sowjetunion und Osteuropas genau analysiert zu haben, sondern auch der westlichen Kultur. Lehrte die eine, dass man die Zügel nicht zu locker lassen darf, scheint die andere zu beweisen, dass derselbe Markt, der den Pluralismus hervorbringt, diesen auch beliebig und ungefährlich machen kann. Es kommt also darauf an, die Kultur planmäßig in die Obhut der Wirtschaft zu geben – dann kann sich der Staat auf die Oberaufsicht zurückziehen und muss nur noch in Ausnahmefällen eingreifen. In der kapitalistischen Welt mit ihren klaren Kategorien, Interessen und Grenzen fühlt sich die Kommunistische Partei Chinas ohnehin seit langem zu Hause. Diese Welt ist in der Lage, Realitäten zu schaffen, mit denen sich besser umgehen lässt als mit den Vieldeutigkeiten einer kulturellen Sphäre, die sich selbst überlassen ist. So muss das Kontingenzbewusstsein, das die ganze Gesellschaft und längst auch Teile der Partei ergriffen zu haben scheint, nicht notwendigerweise eine Schwächung der Macht bedeuten; indem es in das konstruktivistische Wirklichkeitsverständnis des Marketings überführt wird, vermag es immer noch an die Marken, Träume und Wünsche zu glauben, die es selber geschaffen hat.

Es versteht sich, dass Kultur als Staatsaktion eine besondere Vorliebe für ideologisch vergleichsweise unschuldige Zweige wie Design, Comic und Online-Spiele pflegt. Aber auch Kino und bildende Künste haben unter den kulturindustriellen Bemühungen der letzten Jahre ihr Gesicht sehr verändert. Ehedem unberechenbare und wichtige Regisseure wie Chen

Kaige, Zhang Yimou und Zhang Yuan, die immer wieder mit der Zensur zu kämpfen hatten, werden mittlerweile vom Staat entschlossen gefördert – und produzieren Filme, die ebenso weltmarktkompatibel wie sozialverträglich und künstlerisch bedeutungslos sind. Sie sind große chinesische Marken geworden, genauso wie die Künstler des »Politischen Pop« und »Zynischen Realismus«, deren Bilder mittlerweile auf internationalen Auktionen Hunderttausende von Euro einbringen.

Die Regierung hat gemerkt, dass das Spiel mit Mao-Ikonen und Propagandapostern, dem im Westen eine gewisse Subversivität zugutegehalten wird, keine politische Gefahr darstellt, und tritt jetzt sogar als Sponsor von Messen zeitgenössischer Kunst auf. Und die Pekinger Stadtverwaltung hat den Kunstdistrikt »798« als einen »Standort der Kreativindustrie« unter ihren Schutz gestellt. Dass sie auch immer wieder dort ausstellende Künstler zensiert und deren Bilder abhängen lässt, erhält dem Bezirk zugleich im Westen seinen Ruf als Stätte der Widerspenstigkeit.

Die kulturindustrielle Offensive kommt zu einem Zeitpunkt, da sich die chinesischen Stadtgesellschaften mit wachsendem Wohlstand ohnehin verändern. Sie stehen an der Schwelle zu dem, was im Westen postmaterialistische Werte genannt wurde: Immer mehr Chinesen versuchen sich über bestimmte Ausflugs- und Reiseziele, Design, Café- und Kinobesuche voneinander zu unterscheiden. Da mag die Regierung nicht ohne Grund erwarten, dass sich auch die Ideen, Interessen und künstlerischen Eigensinnigkeiten, wenn sie erst in ordentliche Konsumartikel verwandelt sind, auf Dauer neutralisieren und keine Gefahr mehr für die »Stabilität des Landes« darstellen. Ein großes Geschäft ist das Ganze ohnehin.

2. Konfuzius-Institut
oder: Der Kampf um sanfte Macht

Innerhalb weniger Jahre hat das chinesische Erziehungsministerium knapp vierhundert Konfuzius-Institute in mehr
als hundert Ländern errichtet, um weltweit chinesische Sprache und Kultur zu verbreiten. Anders als etwa beim Goethe-
Institut sind die einzelnen Institute Kooperationen zwischen
chinesischen Universitäten und Hochschulen am Ort, mit
denen man Finanzierung und Leitung teilt.

Trotz oder gerade wegen der beeindruckenden Zahlen ist
das Unternehmen in der akademischen Öffentlichkeit um-
stritten, und zwar in beiden Hemisphären. Im Westen fürch-
tet man, dass mit den aus Peking gewährten Geldern die sino-
logische Wissenschaft eingekauft und den Regeln der chinesischen Zensur unterworfen werde. In China halten es Kritiker
für ein Ärgernis, so viel Geld für ausländische Forschungspro-
jekte hinauszuwerfen, ohne dass irgendein eigenes, über die
im Westen ohnehin schon bestehenden Sprach- und Kultur-
vermittlungen hinausgehendes Konzept zur Geltung komme.
Tatsächlich scheinen die diversen Veranstaltungsprogramme
der Institute, abgesehen vom Plan für die Sprachkurse, bisher nur einen einzigen gemeinsamen Nenner zu haben: die
Rücksichtnahme auf die Empfindlichkeiten des chinesischen
Staats.

Eine Gesamtstrategie wurde auf einer »Welt-Sinologie-
Konferenz« vorgestellt, die die Zentrale der Institute zusam-
men mit der Renmin-Universität in Peking ausrichtete. Die
Vorsitzende Xu Lin sagte:»Die Konfuzius-Institute sollen den
Leuten nicht nur beibringen, wie man ›Ni hao‹ sagt oder Tee
macht oder chinesische Lieder singt.« Vielmehr will sich
»Hanban«, wie die Institutszentrale heißt, aktiv an der Her-
vorbringung einer »neuen Generation von Sinologen und
China-Forschern« beteiligen, indem sie Forschungsstipen-
dien für Studenten, Doktoranden, Professoren und »junge

Führungspersönlichkeiten« aus der ganzen Welt vergibt. Der »Konfuzius-China-Studien-Plan«, den Xu Lin vorstellte, orientiere sich an amerikanischen Vorbildern wie dem Eisenhower-Plan oder dem Fulbright Scholarship. Doch der damit verbundene Ehrgeiz scheint durchaus darüber hinauszugehen. Auf der Konferenz zögerte man nicht, sogar eine »Neue Sinologie« in Aussicht zu stellen.

Es wurde allerdings nicht klar, was das genau heißen soll. Ist einfach nur gemeint, dass westliche Sinologen und chinesische Landeskundler künftig mehr zusammenarbeiten, wie es Zhang Longxi von der City University in Hongkong forderte? Oder sollen die zu fördernden »Neuen Sinologen« dadurch gekennzeichnet sein, dass sie »China lieben und die chinesische Kultur verstehen«, wie es Chen Lixia von der Pekinger Universität für Sprache und Kultur bedrohlich formulierte? »China« und »chinesische Kultur« sind in solchen Zusammenhängen Codewörter für die Kommunistische Partei, die das Monopol nicht nur auf die Regierung, sondern auch auf die Interpretation des Landes beansprucht.

Zhao Kejin von der Pekinger Tsinghua-Universität meinte, dass China in Wirklichkeit »noch keinen Konsens über seine Public-Diplomacy-Strategie« hergestellt habe. Jedenfalls hat der Begriff »Neue Sinologie« bei all seiner Diffusität einen Soft-Power-Appeal, mit dem man in China heutzutage staatliche Gelder lockermachen kann. Das für die Konfuzius-Institute zuständige Erziehungsministerium befindet sich in einem permanenten Konkurrenzkampf mit dem Kulturministerium, das seinerseits Kulturzentren unter anderem in Berlin betreibt. Da kann die Verheißung, die Hoheit über das weltweite China-Wissen zu erlangen, ein entscheidender Wettbewerbsvorteil im staatsinternen Ringen um Geld und Einfluss sein.

In der Anlage der Welt-Sinologie-Konferenz mit ihrem Thema »Sinologie und die Welt heute« spiegelte sich dieser Ehrgeiz, allerdings auch dessen Widersprüchlichkeit. Der britische Publizist Martin Jacques wiederholte in einem der Eröffnungsvorträge seine These, die Gegenwart sei vor allem durch die Wiederkehr von zuvor marginalisierten Kulturen in den globalen Diskurs gekennzeichnet. Während bisher »modern« gleichbedeutend mit »westlich« gewesen sei, müsse man heute »China verstehen, um die Welt zu verstehen«. In der großzügigen Konferenzhalle im nagelneuen Mingde-Gebäude der Renmin-Universität war auf dem Podium ein Schriftband mit einem Zitat aus dem »Buch der Wandlungen« montiert: »Im Einklang mit den Herausforderungen der Zeit voranschreiten«. Die Wissenschaft soll ihr Maß da offensichtlich von der »Zeit«, genauer gesagt: von der Macht und deren Verschiebungen erhalten.

Bei seinen Urhebern hatte der Begriff »Neue Sinologie« eine ganz andere Bedeutung. Aufgebracht hatte ihn 2005 der australische Sinologe Geremie Barmé, der die intellektuellen Debatten in China seit Jahrzehnten aus der Nähe beobachtet. Ihm geht es darum, die Erforschung des alten China, seiner Sprachen wie seiner Kulturen, mehr als bis jetzt für die Analyse der Gegenwart fruchtbar zu machen; er plädiert also dafür, dass sich die auf die aktuelle Politik bezogenen China-Wissenschaften und die mit der Vergangenheit beschäftigte Sinologie gegenseitig mehr durchdringen. Anderenfalls hänge die Politik-Beobachtung von Übersetzungen aus der Volksrepublik ab, die schon ihrerseits Interpretationen seien. »China« aber umfasse sowohl räumlich wie historisch viel mehr als die Deutung, die ihm die gegenwärtige Regierung in Peking gebe. Barmé und seine Kollegen vom »Australian Centre on China in the World« fordern die westlichen Forscher auf, eine »sinophone« Identität zu entwickeln, mittels derer sie im Gespräch mit der chinesischen und der globalen Öffentlichkeit eine eigene chinesische Stimme entwickeln und so zu der angemessenen Vielfalt der China-Bilder beitragen können.

Eine solche Haltung steht im direkten Gegensatz zu dem

Abgrenzungsdenken, das die Pekinger Sicht auf die China-Forschung bisher bestimmte. Es gibt in China zwar schon seit Jahren Institute wie an der Renmin-Universität, die sich auf hohem wissenschaftlichem Niveau mit der Sinologie im Ausland beschäftigen. Doch die Etablierung eines solchen Metafachs, durch die China wieder die Kontrolle über die ihm entglittene Beschäftigung mit seiner Vergangenheit erlangen will, hatte die Annahme zur Voraussetzung, dass es einen grundsätzlichen Unterschied zwischen der schon begrifflich klar voneinander getrennten »Hanxue«, der im Ausland betriebenen Sinologie, und »Guoxue«, der von Chinesen betriebenen Landeskunde, gebe.

Eine methodische und inhaltliche Rechtfertigung dieser Trennung sind die Kulturpolitiker und Gelehrten schuldig geblieben; die Behauptung einer essentiellen Besonderheit dient oft bloß als Hilfsargument für den politischen Sonderweg des Landes. Auf ebendiesen blinden Fleck zielte Judith Farquhar von der University of Chicago, als sie auf der Pekinger Konferenz den »Neuen Sinologen« in China vorschlug, von den Methoden der Anthropologie zu lernen: also »vermeintlich natürliche Kategorien« kritisch in Frage zu stellen und Strukturen in China mit ähnlichen Strukturen zu vergleichen, die man andernorts findet. Der Kampf um das, was »China« bedeutet, tritt in eine neue Phase ein.

3. Li Dongtian
oder: Die Ökonomie der Schönheit

Mit der Schönheit verhält es sich in China in etwa so wie mit den Automarken oder dem Kommunismus: Man glaubt zu wissen, was es damit auf sich hat, aber eh man sichs versieht, ist schon etwas ganz anderes daraus geworden. Noch meinte alle Welt, nirgendwo sei der weibliche Körper so standardisiert wie in China, wo einem von allen Laufstegen, Bildschirmen und Zeitschriftentiteln der gleiche lieblich-harmlos-ge-schmeidige Typus entgegenlächelt, wo sogar Operationen alltäglich sind, um Nase, Augen und Beine einem fiktiven Idealmaß anzupassen. Aber unterdessen verändern sich die Strukturen der die einschlägigen Leitbilder produzierenden Industrie in zügigem Tempo.

Eine treibende Kraft hinter den Kulissen ist Li Dongtian, der durch sein persönliches Vertrauensverhältnis zu allen bedeutsamen Titelbildschönheiten, Verträge mit den wich-tigsten internationalen Kosmetikfirmen und seine Schule für Make-up-Berater und Schönheitssalonbetreiber einen nicht zu überschätzenden Einfluss auf die Branche im Lan-de ausübt. Wenn man ihn sieht, sollte man das nicht für mög-lich halten. Er gibt sein Geburtsdatum diskret mit »in den Siebzigern« an, doch mit seiner Unbekümmertheit und den flinken Augen wirkt er noch weit jünger. Li Dongtians öffent-liche Berühmtheit rührt vor allem daher, dass er das Model Lu Yan berühmt machte, deren Sommersprossen, winzige Augen und Stupsnase all dem hohnsprechen, was das chi-nesische Mainstream-Bewusstsein für schön hält. Er sagt vor-aus: »Die chinesische Schönheit wird in der Welt eine wich-tige Rolle spielen.«

Man kann heute nur noch undeutlich erahnen, was es Ende der achtziger Jahre für den intelligenten Spross einer Familie bedeutet haben mag, die aus dem Milieu der Welt-raumtechnik kam, aus einer Sphäre also, in der sich in den fünfziger Jahren die Hoffnungen auf universelle Welterklä-rung und -beherrschung bündelten, nach der Schule eine Friseurakademie zu besuchen. Die Eltern waren jedenfalls entsetzt. Vom All zur Friseurschule – das ist eine Bewegung weg von der Geschichtsphilosophie hin zur Oberfläche, wie sie nach der Kulturrevolution schrittweise und im Gefolge der 1989 niedergeschlagenen Studentenbewegung immer entschlossener die gesamte Gesellschaft vollzogen hat. Man könnte die Geschichte dieses neuesten China als Geschichte des wieder erwachenden Schönheitssinns und seiner industriellen Verwertung beschreiben. 1979 hatte Pierre Cardin mit ein paar französischen Models die erste Modenschau in Peking veranstaltet, und seither ist die physische Erscheinung Gegenstand einer sich verschärfenden Marktkonkurrenz. In vielen Firmen und Ämtern haben Frauen ohne bestimmte Körpergröße und Gesichtsform keine Chance auf eine Stelle. Heutzutage finden zwanzig größere Schönheitswettbewerbe in China statt. Einschlägige Salons überschwemmen seit den Achtzigern die Städte. Neben Immobilien, Autos, Tourismus und Informationstechnologie ist die »Beauty Economy« mittlerweile eine zentrale Industrie der Volksrepublik.

So weit war es 1990 noch lange nicht, als sich Li zunächst als Maskenbildner beim Film selbständig machte. Die Verbindung von Werbung, Mode, Fotografie und Pop, wie sie im Westen bei der Herstellung ästhetischer Normen üblich ist, gab es in China noch nicht. Die wenigen Frauenzeitschriften boten kaum Fotos, stattdessen Schnittmuster zum Selberschneidern. Das Land hatte im Übrigen andere Sorgen (und hat sie bis heute). Im Gefolge der von Deng Xiaoping 1992 eingeleiteten zweiten Stufe der Wirtschaftsreformen entstand in den Großstädten jene mittlere Angestelltenschicht, die als Träger des sich ausdifferenzierenden Wirtschaftszweigs in Frage kam. 1994 ging Li nach Amerika, wo er in Los Angeles und New York mit Models und Modedesignern zusammenarbeitete.

Als er seit 1996 für immer längere Aufenthalte nach Peking zurückkehrte, kam er gerade rechtzeitig, um den damals beginnenden Einzug internationaler Modemagazine in den chinesischen Markt zu begleiten. Als eine Art Medium für alles, was in der Luft liegt, wurde er zum Verbindungsmann von Zeitschriften, Fotografen, Werbeleuten, Kosmetikfirmen und den Celebrities aus der Showwelt. Damals begann er Models mit weißen Gesichtern und dunklen Augenbrauen zu versehen und ihnen ein geheimnisvolles Aussehen zu geben. Das empfand man als Schock. Seine 1999 gegründete Firma »Tony Studio« führte eine bis dahin ungewohnte Arbeitsteilung zwischen Make-up-, Haar-, Maniküre-, Beleuchtungs- und Fotografie-Experten ein. Heute hat seine Firma mit Filialen in Schanghai, Chongqing und Nanjing zweihundert Mitarbeiter. Mehrere tausend Kundenberater der in China vertretenen großen internationalen Kosmetikfirmen wurden hier schon ausgebildet.

Mit dieser stabilen Infrastruktur arbeitet Li hart an der Zukunft. Die zahllosen Models, Schauspielerinnen und Moderatorinnen, die ihm vertrauen (von Zhang Ziyi bis Zhao Wei hat er sie alle geschminkt), hält Li dazu an, Selbstvertrauen zu entwickeln. »Chinesinnen wollen oft gerade das haben, was ihnen fehlt, große Augen und eine hohe Nase zum Beispiel«, sagt er. »Sie sollten sich selbst bejahen und jede ihre eigene Schönheit entdecken.« Gleichzeitig erweitert er mit Provokationen, die er in Zeitschriften lanciert, das ästhetische Repertoire. Neben den süßes Eis schleckenden Mädchen, die auch er präsentiert, tauchen da plötzlich fahlgesichtige Sphinxe auf, die glasig in die Ferne blicken. Er inszeniert sogar Horrorfotos, auf denen bläuliche Gestalten mit roter Schnittwunde am Hals zu sehen sind. An die Stelle der fingierten Natürlichkeit von früher tritt eine forcierte Künstlichkeit.

Ein Prospekt seiner Studios wirbt denn auch mit der »industriellen Atmosphäre« des Eingangsbereichs. Nicht nur Körper und Gesicht, heißt das, sind formbar – das wussten die Chirurgen immer schon. Auch die Vorstellung davon ist es, und diese Idee verbreitet sich erst allmählich in China. Dieselbe Industrie, die das Verlangen nach Selbstausdruck in normierte Kanäle geleitet hatte, fängt an, planmäßig auch Differenz zu erzeugen.

4. Kunstmarkt
oder: Kultivierte Bestechung

Äußerlich fügt sich der chinesische Kunstmarkt den gewohnten Institutionen und Mechanismen ein, mit denen im Westen Kunstwerke in Waren verwandelt, ihre Werte und Preise bestimmt werden. Doch zugleich sind dort auch noch andere Regeln, Kräfte und Akteure wirksam.

Der Anteil der sogenannten Ultra High Net Worth Individuals steigt in China in einem markant schnelleren Rhythmus als im Rest der Welt (allein im vergangenen Jahr nahm die Zahl der Menschen, die über mehr als 100 Millionen Dollar verfügen, um 20 Prozent zu), was dem globalen Spitzenkunstmarkt einen wesentlichen Schub verleiht. Laut dem New Yorker Wirtschaftstheoretiker Benjamin Mandel ist die Investition in hochpreisige Kunst insbesondere dann rational, wenn man an ein weiteres Auseinanderdriften der extrem Reichen und der übrigen Menschheit glaubt; die alternative Ökonomie dieser Bevölkerungsschicht entwickle sich nicht im Gleichklang mit der allgemeinen Wirtschaft, sondern zum Teil gegenläufig. Seit 2009 treten die chinesischen Ultra High Net Worth Individuals vermehrt als Käufer vor allem traditioneller chinesischer Kunst in Erscheinung. Als Prototyp gilt das Ehepaar Liu Yiqian und Wang Wei, das binnen zwei Jahren fast 2 Milliarden Yuan für Kunst ausgegeben haben soll, allein 65,5 Millionen Dollar für das 1946 gemalte Tuschebild »Adler auf einer Pinie« von Qi Baishi. Sie wolle, lässt sich Frau Wang zitieren, den reichen chinesischen Hausfrauen beibringen, wie man mehr Geschmack beim Geldausgeben zeigen könne.

Die Betreiberin des wichtigsten chinesischen Auktionshauses, Poly International Auction, nach Sotheby's und Christie's zurzeit das drittgrößte Auktionshaus der Welt, ist die Volksbefreiungsarmee. Was heute die Streitkräfte der Volksrepublik sind, war ursprünglich die 1927 gegründete Rote

Armee der Kommunisten im Bürgerkrieg mit der Kuomintang. Seit 1983 betreibt die Volksbefreiungsarmee im Joint Venture mit einer Handelsfirma das Unternehmenskonglomerat China Poly Group Corporation, das außer im Waffenhandel vor allem im Immobiliengeschäft und in der Kultur tätig ist. Öffentlich bekannt wurde sein Rückkauf von bedeutenden chinesischen Kulturgütern, die nach Plünderungen vor allem im neunzehnten Jahrhundert über die ganze Welt verstreut sind, unter anderem drei der bronzenen Tierköpfe aus dem von britischen und französischen Truppen 1860 zerstörten Alten Sommerpalast; sie werden in einem kleinen Museum in der Konzernzentrale gezeigt. 2005 machte das Konglomerat das Auktionshaus auf, dessen Umsatz 2015 auf mehr als 830 Millionen Dollar geschätzt wurde. Wie sein Hauptkonkurrent, das Auktionshaus Guardian, das seit 2012 Versteigerungen auch in Hongkong veranstaltet, profitiert Poly davon, dass chinesische Kunstkäufer den Wettkampfcharakter von Auktionen schätzen und diesen gegenüber der diskreten Vermittlung durch Galerien entschieden den Vorzug geben. Aufgrund des hohen Anteils von versteigerten Objekten, die anschließend nicht bezahlt werden, wird Poly von einigen Marktbeobachtern der Mithilfe bei »Phantom-Verkäufen« verdächtigt, bei denen einem Verkäufer erlaubt wird, selber mitzubieten und dadurch den Preis eines Objekts künstlich in die Höhe zu treiben.

Die »Kunst-Investment-Fonds« haben, seitdem die Minsheng-Bank 2007 den ersten chinesischen Fonds für Gegenwartskunst aufmachte, eine steile Karriere in China erlebt. Trotz ihrer kurzen Geschichte ist ihr Anteil am Kunstmarkt wesentlich höher als im Westen. Betreiber sind Banken oder spezielle Treuhandgesellschaften, die eine Vielzahl von Finanzprodukten anbieten, die auf dem Kauf und Verkauf von Kunstwerken oder auch nur Anteilen von ihnen aufbauen. Der Markt ist so wenig reguliert, dass phantasievolle Kombinationen möglich sind. Zum Beispiel zwischen Kunst und

Immobilienmarkt: Schon bei geringer Anzahlung kann man bei manchen Angeboten die erworbenen Kunstpakete als Sicherheit benutzen, um von der Bank Darlehen zu erhalten. Das spart zum einen unsicher gewordenes Bargeld, zum anderen kann es das Darlehensverbot für Immobilienprojekte umgehen, das die chinesische Regierung zur Kühlung des einschlägigen Markts ausgesprochen hatte. Ästhetisch konzentrieren sich die Fonds überwiegend auf Tradition und klassische Moderne der chinesischen Kunst, insbesondere Kalligraphie und Tuschegemälde. Die Zukunft vieler Fonds ist ungewiss, da ihre rasche Zunahme einen zu großen Bedarf an Kunstwerken generiert, um noch das Marktkriterium der Seltenheit erfüllen zu können: Statt auf das Potential der Wertsteigerung zu setzen, das in der Knappheit liegt, tendieren sie bisweilen zur Akkumulation und behandeln Kunstwerke wie Aktien.

»Kultivierte Funktionäre« wird eine Klientel genannt, die Kunstgeschenke zu schätzen weiß, die wegen ihres geringen Werts nicht gegen das Bestechungsverbot verstoßen, aber anschließend zu einer frappierend kräftigen Triebkraft des chinesischen Kunstmarkts werden können. Mit der Überreichung einer geschmackvollen, aber gefälschten Kalligraphie oder Tuschezeichnung bestätigen sich Geber und Empfänger gegenseitig ihres Sinns für die höheren Werte des Lebens sowie ihres Respekts vor dem Gesetz, das keine Korruption erlaubt. Vielleicht hat der Beschenkte aber schon viel Kunst und bietet das Werk daher einer Galerie oder einem Auktionshaus zum Verkauf an; ein Unbekannter erwirbt es dann überraschend zu einem für eine Fälschung unverhältnismäßig hohen Preis. Da der Unbekannte ein Vertrauter des Schenkers ist, wird auf einer zweiten, inoffiziellen Ebene mit dem Kauf der Schenk-Kreislauf erst komplett. Zugleich beginnt unter Umständen ein weiterer Kreislauf: Beglaubigt durch den hohen Preis, lässt sich der Käufer die Fälschung von Wissenschaftlern und Experten als Original ausweisen.

Er kann das verifizierte Werk mithilfe einer Galerie oder eines Auktionshauses auf der Grundlage des erreichten Preisniveaus dann ein weiteres Mal zum Verkauf anbieten. Oder er besitzt die Großzügigkeit, es einem anderen kunstsinnigen Funktionär zu schenken, der trotz des ausgewiesenen Werts des Stücks kein Risiko mit der Entgegennahme eingeht: Bei einer Prüfung durch die Behörden könnte ja im Zweifel jederzeit festgestellt werden, dass es sich in Wirklichkeit um eine billige Fälschung handelt. Alle Beteiligten profitieren von diesem wechselseitigen Austausch, bei dem sich die gewohnten Kategorien von Fälschung, Original, Kunst, Wert, Geist und Verführung planmäßig verwirren. Der Vorgang hat in China daher ein eigenes Wort bekommen: »yahui«, kultivierte Bestechung.

5. Museen
oder: Umwertung durch Kunst

Es war kurz nach dem Mondfest, immer noch stand der Mond fast voll und rund und leicht milchig über Schanghai, und am Bund, der Uferstraße am Huangpu-Fluss, drängten sich die Menschen, von denen viele den Himmel fotografierten und alle voller Erwartung waren. Vielleicht lag es ja aber auch am Mond, dass der Taxifahrer nicht aufhörte zu schimpfen, nachdem ich ihm das Ziel genannt hatte, die »Power Station of Art«. Er fuhr in die Richtung los, in der er die Adresse vermutete, aber von diesem ersten staatlichen Museum Chinas für zeitgenössische Kunst hatte er noch nie gehört. Haben sich die Zeiten nicht geändert? Lange wäre niemand auf die Idee gekommen, Schanghai eine besondere Liebe zur Kunst nachzusagen, aber im Moment lässt sich das kaum vermeiden. Es häufen sich hier nicht nur die Kunstmessen (das ließe sich mit dem Geschäftssinn erklären, für den Schanghai berühmt ist), es wurden allein in den vergangenen beiden

Jahren auch nicht weniger als sieben Museen für zeitgenössische Kunst eröffnet. Wie prägt das die Stadt, in einer Nacht wie dieser, die das VIP-Programm der SH Contemporary, einer international respektierten Messe, zur »Museumsnacht« erklärt hat?

Den zähflüssigen Verkehr erst mal nicht so sehr, der sich wie jeden Abend über die verschiedenen Stadtautobahnen wälzt. Schließlich spuckte das Taxi den verlorenen Kunstsucher unter einer Brücke in einer ihm unbekannten Gegend aus. Es war Rushhour, alle vorüberbrausenden Taxis waren besetzt. Der Fahrer, der am Ende doch noch hielt, kannte das Museum zwar ebenfalls nicht, aber die Adresse, in einem ehemaligen Industrieareal am weiteren Verlauf des Huangpu, sagte ihm etwas. Kurz vor dem Erreichen des Ziels sahen wir schon viele Menschen dem Ufer zuströmen. Doch das spektakuläre Gebäude selbst, ein früheres Energiewerk mit einem hoch aufragenden Kamin, lag völlig still und dunkel da, keine Rede von Gelächter, Glanz und Gläserklirren. Eine Tür war dennoch offen, hinter der junge Leute im Dunkeln standen und streng darauf bestanden, die VIP-Einladung zu sehen. Plötzlich schnurrte die große Schanghaier Museumsnacht auf das schlichte Privileg zusammen, Ausstellungen außerhalb der regulären Öffnungszeiten besichtigen zu dürfen. Die drei, vier anderen Besucher, die zu dieser Stunde durch die riesigen dämmrigen Hallen streiften, schienen sich auch nicht daran zu stören, dass sie allein und von keiner Ereignisinszenierung eingebunden waren; der Distinktionsgewinn durch abweichende Konsumierfrist ist Gratifikation genug.

Doch noch aus einem anderen Grund trug diese Schanghaier Nacht nicht zur Geselligkeit bei. Mitten in der Eingangshalle steht Cai Guo-Qiangs Version der Arche Noah: ein verschlissener alter Kutter, der von ausgestopften Tieren überquillt. Was von den Kuratoren als irgendwie ökologisches Gleichnis präsentiert wird, bekam im schwachen Licht dieser

Nacht etwas unendlich Energie-Aufsaugendes. Die Lautlosigkeit all dieser traurigen Pandas, Tiger und Antilopen, die da zerquält und überfordert in der Reling lagen, wurde durch die Stille ringsum noch verdoppelt. In einer weiteren Installation lässt Cai Guo-Qiang, der für großräumige Inszenierungen wie das Feuerwerk bei der olympischen Eröffnungsfeier in Peking bekannt ist, 99 ausgestopfte Wölfe auf eine imaginäre Mauer zulaufen und an ihr abprallen. Inmitten des übercodierten Kunstsystems behauptet sich da eine stumme Kreatürlichkeit, an der jegliche Sinnzuschreibung zerschellt.

Die Party war draußen, aber auch sie hatte mit Kunst nichts zu tun. Hunderte überwiegend ältere Menschen tanzten synchron zu lauter Discomusik aus dem Gettoblaster. Auf zum nächsten Museum dieser Nacht. Insgesamt sechs Orte können nach Toresschluss besichtigt werden, doch da das Ganze schon um neun Uhr enden soll, muss man sich wegen der langen Fahrtzeiten quer durch die Stadt entscheiden. Ich fahre zum OCT Contemporary Art Terminal (OCAT), der im Souterrain eines ehemaligen Lagerhauses einer Bank aus den dreißiger Jahren residiert. Hier sitzt nur ein einziger Angestellter mit Smartphone-Stöpseln an der Rezeption. Der Zufall will es, dass es auch hier in den leeren Räumen um Tiere geht.

»The light comes from the dark«, heißt es in einem dokumentarischen Video über den in Südafrika lebenden Fotografen Roger Ballen, das ansonsten die rituelle Schlachtung eines Vogels in vermüllter Umgebung zeigt. Die Fotografien von Daniel Lee inszenieren Übergänge zwischen Menschen und grotesken Tieren, besonders eindrücklich in dem Breitbandbild »Nightlife«, in dem all die Figuren, die da in einer Nachtbar posieren, die Köpfe von Affen und Greifvögeln haben. Auch hier steht das Animalische nicht für leidenschaftliche Vitalität, sondern für etwas gespenstisch Vakuumverpacktes – ein Effekt, der durch die düstere Leere der nächtlichen Museumsräume noch gesteigert wird. Ob diese Wirkung auch im Interesse der SH Contemporary war, kann bezweifelt werden. Der Ableger der BolognaFiere erhielt dieses Jahr erst in letzter Minute seine Lizenz, was seine seit Jahren schwindende Resonanz weiter verringerte.

Doch der Anti-Event-Charakter der Museumsnacht hat noch eine andere Ursache: Die Schanghaier Gründerzeit setzt die Kunst gar nicht mit der Stadt als Ganzer in Beziehung. Dies zu erwarten überträgt Vorstellungen einer bürgerlichen Stadtgesellschaft auf China, die dort keine Entsprechung haben. Die neuen großen Museen streben gar nicht an, sich dem Bewusstsein einer gesamtstädtischen Öffentlichkeit einzuschreiben und eine Kunstmetropole hervorzubringen; nur im entfernten Blick von außen kommt eine solche Fiktion zustande. Mit Unterstützung der Regierung wollen sie zur Aufwertung und Neuerfindung einzelner Bezirke beitragen. Die 23-Millionen-Stadt befindet sich in einem permanenten Recycling-Prozess. Große Teile der Hochhaus-Skyline, die seit der chinesischen Moderne nach der Kulturrevolution entstanden ist, machen heute einen vergilbten und abgeblätterten Eindruck; ständig wird neu gebaut, werden neue Areale erschlossen, alte Funktionen umgewidmet. Und für dieses Upgrading ist die Kunst das von allen offiziellen Stellen anerkannte Medium – das macht ihre Omnipräsenz, aber auch ihre Zersplitterung aus.

Da überschneiden sich die Interessen der Politik mit denen der großen Immobilienfirmen. OCAT zum Beispiel ist ein kulturelles Aushängeschild des staatlichen Konglomerats OCT, das das historische Areal am Suhe Creek restauriert und mit luxuriösen Wohnungen, Geschäften und Büros ausstattet. Nicht weit davon unternimmt in der Gegend des Bunds ein Joint Venture der amerikanischen Rockefeller Group mit der Schanghaier Bund Investment Group etwas Ähnliches. Ihr kulturelles Flaggschiff ist das in den dreißiger Jahren errichtete Gebäude der Royal Asiatic Society, das David Chipperfield zum Rockbund Art Museum umgestaltet hat. Die neueste Ausstellung dort ist dem Schweizer Ugo Rondinone gewidmet, der das übliche Ausstellungsraumgefühl durch in sich gekehrte Clowns aufhebt, die in allen Ecken des Museums rund um die Uhr sitzen, hocken, liegen. Wenn Rolls-Royce auf der Terrasse dieses »Rolls-Royce unter den Museen« (so ein Vertreter der Autofirma) einen Empfang für Kunden, Galeristen und Journalisten über und neben den tausend Lichtern des Schanghaier Zentrums gibt und das einer Revolutionshymne nachempfundene Glockenspiel von der Uferstraße herüberklingt, könnte man meinen, die Stadt liege der Kunst zu Füßen.

Doch unten am Boden gelten andere Regeln. In der Seitenstraße, in der auch das Auktionshaus Christie's seine China-Zentrale unterhält, erweckt der Rolls-Royce, den Rondinone mit freundlich psychedelischen Farben bemalt hat, Interesse vor allem bei einem Schanghaier Passanten im ortstypischen Unterhemd, der seine schwarze Dogge neben dem Gefährt fotografiert. Die Gegend hat sich noch nicht als das Luxusmarken-Areal etabliert, wie das Rockbund vorschwebt. Während Firmen wie Armani oder Dolce & Gabbana das Viertel wieder verlassen haben, erfreut es sich unter den Herstellern von Hochzeitsfotos ungebrochener Beliebtheit; auf Schritt und Tritt stößt man auf Frauen, die im roten Brautkleid einen ausgestopften Jaguar umarmen. Unterdessen werden Männer hier nach Anbruch der Dunkelheit ausdauernd gefragt, ob sie eine »Lady Massage« wünschen.

Während OCAT und Rockbund dank festangestellter Kuratoren und Direktoren ein verlässliches Programm haben, kann man beim 2013 vom Immobilienkonzern Zendai eröffneten Himalaja-Museum nie sicher sein, was einen erwartet. Die unverputzten Hallen, die hier wie in den meisten der neuen Museen als die allgemein anerkannte Umgebung für aktuelle Kunst herhalten, sind gegenüber dem neuen Messegelände im Bezirk Pudong in einem Kaufhaus angesiedelt. Zur Eröffnung hatte das Museum noch die Kunst als Weg zu einem »neuen und besseren Leben« beschworen und eine komplizierte Theorie aufgeboten, um die disparaten Objekte zwischen Tuschebildern aus der Song-Dynastie und Videoinstallationen zusammenzubinden. Doch bei einem Besuch jetzt war, obwohl laut Website Ausstellungen laufen sollten, nichts geöffnet außer dem Museumsshop. Später sollte hier »zeitgenössische Glaskunst« gezeigt werden, doch ein stimmiges Profil ist nicht zu erwarten.

In der zentral gelegenen Einkaufsstraße Huaihai Zhonglu unternimmt die Shoppingmall K11 einen erfolgreicheren Versuch der Umwertung durch Kunst. Nach dem Vorbild des gleichnamigen Zentralsitzes in Hongkong ist im dritten Untergeschoss ein Museum eingerichtet, das im Frühsommer eine extrem gutbesuchte Monet-Ausstellung veranstaltet hat. Doch auch alle anderen Etagen des Kaufhauses sind mit Kunstzonen durchsetzt, die durch Vogelzwitschern, Kerzen und Schilder angekündigt werden, auf denen steht: »In Art we live.« Werke unter anderen von Liu Jianhua und Sui Jianguo werden da zwischen Burberry und Emporio Armani gezeigt; das prominenteste Stück ist Damien Hirsts neben die Rolltreppe plazierte Bronzeskulptur einer schwangeren Frau, die keinen Kopf, aber einen geöffneten Bauch hat.

In der Branche gilt als ausgemacht, dass Kunst die Einkaufszeit verlängert und zugleich den Wert der Marken hebt. Im Museum des K11 fand gerade die Minimesse »Art in the City« statt, die gleichfalls »neue Wege der Interaktion« zwischen Kultur und Ökonomie ausprobiert. In Zusammenarbeit mit der Einrichtungszeitschrift *Elle Decoration* und diversen Möbelfirmen wurden da Schlaf- und Wohnzimmer mit geschmackvollen Accessoires wie einer Installation von Nam June Paik sowie Flachbildschirmen ausgestattet, auf denen Kunstvideos liefen.

Außer Einkaufszentren, Banken (allein die Minsheng-Bank betreibt in Schanghai zwei Kunstmuseen), Immobilienfirmen und dem Staat machen neuerdings auch private Samm-

ler Museen für zeitgenössische Kunst auf. Als der milliarden-
schwere Investor Liu Yiqian und seine Frau Wang Wei, die
beiden prominentesten Kunstsammler Chinas, ein Museum
für ihre Schätze bauen wollten, signalisierte ihnen die Stadtregierung, besser wären zwei Museen. Mit kulturellen Pro-
jekten bekommt man in Schanghai zurzeit leichter Baulizen-
zen und Preisnachlässe.

So hat das Paar nach dem 2012 eröffneten Long-Museum,
das ein Areal neuer teurer Wohn-Compounds in Pudong
veredeln soll, dieses Jahr noch ein weiteres Long-Museum
in der ehemaligen Industriezone West Bund aufgemacht.
Das erste Museum zeigt in weinrot ausgekleideten Kabinett-
räumen vor allem chinesische Propagandakunst, von Holz-
schnitten aus den dreißiger Jahren bis zu großformatigen
Gemälden aus der Kulturrevolution. Das neue Museum bietet einen reichen, etwas unzusammenhängenden Überblick
über die chinesische Kunst seit Ende der siebziger Jahre, von
der Sterne-Gruppe bis zu Li Songsong. Ai Weiwei sucht man
hier wie in den anderen neuen Schanghaier Museen vergeb-
lich; wie in westlichen Kunstkreisen wird sein Name auch in
Gesprächen hier als Test benutzt, allerdings unter umgekehrten Vorzeichen: nicht als Überprüfung, ob man den chinesischen Zensoren willfahrt, sondern ob man den westlichen
Projektionen auf den Leim geht, die nur zwischen Partei
und Dissidenten unterscheiden könnten und von anderen
Künstlern nichts gehört hätten. In der oberen Etage werden
erstrangige alte Bilder wie die »Zusammenkunft im Orchide-
enpavillon« von 1557 gezeigt, aber kaum in ihrer Bedeutung
gewürdigt. Platz gibt es in beiden Museen reichlich, doch ein
konsistentes Programm für künftige Ausstellungen lässt sich
hier wie in anderen Häusern noch überhaupt nicht absehen.
Kunstbetriebskenner meinen, das größte Problem für die
neuen Museen Schanghais sei, sachverständiges Personal für
die Kuratoren- und Direktorenposten zu finden.

Eine Viertelstunde Fußweg vom neuen Long-Museum entfernt hat der indonesische Sammler Budi Tek das Yuz-Museum eröffnet. Der in Chicago lehrende Kurator Wu Hung hat die Sammlung entlang der Stichworte Geschichte und Mythos untergliedert. Im historischen Teil werden wieder die einzelnen Perioden der chinesischen Zeitgenossen rekapituliert; unter »Mythos« fasst er mehrere gigantische Installationen, die er in der großen Halle versammelt, unter anderem Zhang Huans »Buddha Hand« und Huang Yong Pings »Tower Snake«, eine Spirale aus Bambus und Stahl, aus der ein unheimliches Skelett herausragt: »Ist es ein Python, ein Drache oder der Satan selbst?«, fragt der Künstler in einem Kommentar. West Bund, das Areal, in dem sowohl das Yuz- wie das neue Long-Museum liegen, stellt die Stadtregierung Schanghais den übrigen Bezirken als Modell vor. Wo früher Flugzeuge produziert wurden und ein Güterbahnnetz seinen Ausgang nahm, soll ein lukratives Büro-, Wohn-, Erholungs- und Kulturviertel entstehen. Ein Musikfestival gibt es schon, später sollen die Dream Works des Disney-Konzerns hier ein »Dream Center« inklusive Imax-Kinos, Einkaufszentren und einer Spanischen Treppe errichten, das für Filmfestivals tauglich ist.

In einer weiteren ehemaligen Flugzeughalle findet zum ersten Mal die West-Bund-Messe statt, die die Vermengung von Markt und Museum noch weiter treibt als bisher. Chef des staatlichen Unternehmens ist Zhou Tiehai, der sich in den neunziger Jahren als einer der ersten chinesischen Künstler einen Namen gemacht hatte und nun einer ganzen Belegschaft von angestellten, seine Ideen ausführenden Künstlern vorsteht. Er ist jemand, der sich keine Illusionen macht. In Europa mag Kunst ein Diskursgegenstand sein; in Schanghai ist sie, sagt er mit einem durchaus nicht bitteren Lächeln, vor allem etwas, vor dem man ein Selfie machen kann. Nach den ersten Tagen der Verkaufsausstellung von Designfirmen und international tätigen Galerien sollen die Werke noch vier Wochen bleiben und die Halle in ein temporäres öffentliches Museum verwandeln. Was einmal als Medium der Geschmacksbildung aus sicherer Distanz gedacht war, wird zu einer Momentaufnahme des Marktes, wahrscheinlich nicht nur in Schanghai.

Kulturelle Akteure

»Am besten vermeidet man ganz, etwas Reales zu behandeln, denn alles Reale enthält Risiken«: Das hat dem Romancier Murong Xuecun einmal ein chinesischer Verleger empfohlen. Um mit der Zensur, der Einschüchterung, den vielfältigen Wirklichkeitsvermeidungsmethoden im autoritär kontrollierten Staat klarzukommen und sich selbst darin nicht zu verlieren, entwickeln die einzelnen kulturellen Akteure unterschiedliche Strategien. Guo Jingming macht aus der Literatur eine glamouröse und höchst lukrative Branche, Mo Yan, der Nobelpreisträger, versucht seine Parteimitgliedschaft mit dem Beharren auf dem Eigenrecht der Literatur zu vereinbaren, der Blogger, Romancier und Rennfahrer Han Han treibt ein Spiel mit der zensierten Sprache, gerade so subversiv, wie es für die Behörden tolerierbar ist. Die Stichworte des fünften Kapitels beschäftigen sich mit Schriftstellern, Künstlern und Intellektuellen, die zwischen Anpassung und Selbstbehauptung navigieren und dabei mehr Reales zu erkennen geben, als dem System lieb sein kann.

1. Guo Jingming
oder: Der Literaturunternehmer

Der Schriftsteller Guo Jingming ist der jugendlichste, gepflegteste, fleißigste, erfolgreichste, meistgehasste Autor Chinas. Vor allem aber sagt man von ihm, dass kein anderer mit der Literatur so viel Geld macht wie er.

Er selbst sorgt dafür, dass diese Eigenschaft nicht unbemerkt bleibt. Der jungenhafte Mann führt seinen Cadillac vor, nickt vielsagend lächelnd, wenn er gefragt wird, ob sein Jahreseinkommen 24,5 Millionen Yuan (etwa 3 Millionen Euro) übersteige, und er zeigt in seinem Blog Fotos von der Terrasse seiner Wohnung gegenüber der Plaza 66, einer der teuersten Immobilienadressen Schanghais. Und dies alles hat er mit der Literatur erreicht.

Selbst dem Nobelpreisträger Mo Yan, einem Romancier mit durchaus anderem Habitus, nötigte er das schillernde Lob ab: »Guo Jingming ist der einzige Schriftsteller, der die Art Leben, die er lebt, allein durchs Schreiben leben kann.« Guo hat aus der Literatur eine glamouröse Branche gemacht, die sich hinter traditionell einträchtigeren glamourösen Branchen nicht zu verstecken braucht.

Sein erster Spielfilm »Tiny Times« ist die Verarbeitung seines gleichnamigen Romans über das Leben von vier karrierewilligen jungen Frauen im Kreativmilieu. Zwei nicht sehr verborgene Selbstporträts stecken darin. Der Halbgott der »Kleinen Zeiten«, cool, unnahbar, Sonnenbrille, Maßanzug, umgeben von Leibwächtern und Assistenten, ist der Chef einer Kultur- und Lifestyle-Zeitschrift mit dem Motto »Be yourself!«. Der ganze Umkreis der Zeitschrift, all die Models, Redakteure, Assistenten, Kreativen, Kulturmanager, tun alles, um diesem Leitsatz nachzukommen, und das Ergebnis ist, dass sie, ob Männer oder Frauen, alle ähnlich aussehen (jung, schlank, glatt) und ihrem Chef jeden Wunsch von den meist verschlossenen Lippen ablesen.

Die Heldin des Films, die nichts lieber als Assistentin werden will, sammelt Punkte, als sie dem vergesslichen Halbgott im Aufzug den Namen des Literaturnobelpreisträgers Tomas Tranströmer sagen kann, doch ansonsten zählen in dieser Welt eher andere Namen, die jener Markenprodukte nämlich, deren Hersteller im Abspann des Films als Partner genannt werden. Die coole Maske des Chefs ist so undurchdringlich, dass schon die zarteste Andeutung eines menschlichen Gefühls seinerseits von den Untergebenen als Offenbarung seiner diskreten Güte gefeiert wird.

Der Halbgott im Chefsessel repräsentiert die Insignien der Macht, auf die es Guo Jingming ankommt. Bei Signier-Terminen erscheint er mit zwei Leibwächtern, und ansonsten beschäftigt er fünf persönliche Assistenten, von denen zwei allein für die Kleinigkeiten im Leben zuständig sind: also zum Beispiel die tägliche Zubereitung eines Vogelnests, einer kostspieligen Delikatesse. Er nimmt nur eine Mahlzeit am Tag zu sich, ansonsten versorgt er sich mit Nahrungsergänzungspillen und mit Säften aus Broccoli, Möhren, Nüssen und Spinat.

Auch auf sorgfältige Toilette legt er Wert, Frisur und Teint sind immer skrupulös zurechtgemacht, bis das unnachahmlich Androgyne, fast Außerirdische seiner Erscheinung sitzt, das ihn zu einer Art chinesischem Michael Jackson macht. Er nutzt sein Geld, um sein Aussehen zu erhalten, das das Aussehen seines bevorzugten Leserpublikums ist, also von Leuten, die das zwanzigste Lebensjahr noch nicht erreicht haben. Da er nur 152 Zentimeter groß ist, wird er im Flugzeug manchmal gefragt, ob er denn nicht von seinen Eltern begleitet werde. Der Rest ist Arbeit. Er ist bis vier Uhr morgens im Büro, und außer den drei Tagen rund um das Frühlingsfest hat er seit Jahren keinen Urlaub gemacht.

Das andere Selbstporträt im Film liefert der Starkolumnist der Zeitschrift, der, jung, schlank und glatt wie alle anderen, sich dadurch auszeichnet, dass er über ein extrem unaufgeräumtes Luxusappartement hoch über den Dächern von Schanghai verfügt und im Übrigen ausgesprochen dünkelhaft und unberechenbar daherkommt. Am Ende aber, bei der den Film triumphal krönenden »Fashion Week«, hält er eine improvisierte Rede, die ihn selbst und alle anderen zutiefst rührt: »Wir leben in der Leere des Universums«, sagt er da, »wir sind winzige Wesen, und du weißt nicht, wann das Leben plötzlich seine Richtung ändert und dich in eine Dunkelheit fallen lässt, die dickflüssiger als Tinte ist. Aber wir behalten immer die Hoffnung in unseren Herzen. So werden wir zu kleinen Sternen in der grenzenlosen Dunkelheit. Wir sind alle kleine Sterne.« Der Starkolumnist auf der Fashion Week präsentiert sich da als Dichter der existentiellen Unbehaustheit, in der das Individuum schon einiges unternehmen muss, um seine Einzigartigkeit zu manifestieren. Und er zeigt mit seiner eigenen Existenz zugleich, wie man das macht – wie man sich als »kleiner Stern« zu erkennen gibt: indem man ein Star wird, mit all den Markenaccessoires, die einen solchen ausweisen.

Guo Jingming ist seit vielen Jahren ein Star. Erste Berühmtheit erlangte er durch den 1,5 Millionen Mal verkauften Roman »Stadt der Phantasie«, in dem der Zwanzigjährige von einem Prinzen erzählte, der seinen jüngeren Bruder töten musste, um auf den Thron zu kommen. Schon früh scheint ihm klargeworden zu sein, welche Entschlossenheit vonnöten ist, um nach oben zu kommen. Über seine prägenden Jahre hat er später erzählt, die erste Zeit in Schanghai, wohin er nach den ersten Erfolgen übersiedelte, sei voller Demütigungen gewesen. Er war begeistert von den Luxusläden, doch deren Personal nahm den kleingewachsenen Jungen, der in keine Konfektionsgröße passte, nicht für voll. Heute hat er einen eigenen Schneider, der ihm die neuesten Markenprodukte auf seine Größe umnäht.

Von Anfang an waren seine Leser genauso jung wie seine Helden, die sich mal in einer Fantasy- und Science-Fiction-Welt, mal im zeitgenössischen Schanghai bewähren – in einer vermeintlich realen Welt also, die sich aber beim näheren Hinsehen als nicht weniger märchenhaft erweist. Nur einmal erhielt Guos literarischer Aufstieg einen Dämpfer, als ein Gericht 2004 befand, dass sein Roman »Never Flowers in Never Dreams« an 57 Stellen Ähnlichkeiten mit dem eines anderen Autors aufweise, und er zur Zahlung von umgerechnet 24 000 Dollar wegen Plagiats verurteilt wurde. Doch das verhinderte nicht, dass seit 2003 alle seine Bücher die Spitze der chinesischen Bestsellerlisten eroberten. Durch die Protektion des früheren Kulturministers und Altmeisters sozialistisch-realistischer Literatur Wang Meng wurde er das jüngste Mitglied des staatlichen Schriftstellerverbands.

Als »wettbewerbsorientiert, konzentriert, ergebnisorientiert, pragmatisch, objektiv, nüchtern« hat er sich selbst einmal bezeichnet und bei anderer Gelegenheit über die blutig niedergeschlagene Demokratiebewegung von 1989 bekannt: »Ich verstehe den 4. Juni nicht, ich weiß nicht allzu viel darüber. Ich mag die Geschichte und die Politik nicht. Ich möchte nur Karriere machen und meine Firma erweitern.« Mit dem Strom schwimmen, fleißig sein und intelligent – so hat der Literaturwissenschaftler Huang Ping kürzlich die Eigenschaften des gegenwärtigen chinesischen Zeitalters benannt, die Guo wie kein anderer verkörpere: »Seine Werke laufen auf Resignation hinaus.«

Bald ging Guos Ehrgeiz über das eigene Schreiben hinaus, und er erkundete immer systematischer Möglichkeiten, den literarischen Erfolg zu industrialisieren. Zuerst gründete er die Zeitschrift *Top Novel*, in der er junge Autoren veröffentlichte, die nach ähnlichen Rezepten schreiben wie er selbst. Später kam die Zeitschrift *Top Cartoon* hinzu, die das gleiche Prinzip auf Comics ausweitete. 2008 organisierte er zum ersten Mal den Talentwettbewerb »Neuer Literatur-Star gesucht«; die Kandidaten sind mitunter erst dreizehn Jahre alt. Schließlich eröffnete er die Firma »Schanghais Weltspitze-Kulturentwicklungs-Gesellschaft mit beschränkter Haftung«, eine Literaturagentur mit mittlerweile sechzig Angestellten, die achtzig Autoren und zwanzig Comiczeichner unter Vertrag hat.

Er sorgt nicht nur dafür, dass die Bücher seiner Autoren nicht die Bedürfnisse des Marktes verfehlen (warm, leicht und irgendwie spirituell sollen sie sein), er kümmert sich auch um das passgenaue Erscheinungsbild der Autoren. Auf den Autorenfotos werden sie akkurat gestylt in Abendgarderobe in Luxushotels präsentiert. Der Star-Appeal eines Schriftstellers soll hinter dem eines Filmschauspielers nicht länger zurückstehen. Die literarische Existenz wird so als realistische Option fürs Reichwerden etabliert. Guo sucht dabei nicht etwa bloß von partiellen Schnittmengen mit Showbusiness und Schönheitsindustrie zu profitieren, er demonstriert vielmehr, dass er gar keinen Unterschied zwischen diesen Segmenten erkennen kann.

Der Inhalt seiner Werke weist dabei eine geradezu unheimliche Kohärenz mit deren Produktionsbedingungen auf. Außer einem grummelnden Taxifahrer, der hilflos im Schanghaier Stau steht, kommen in dem Film »Tiny Times« überhaupt keine Menschen außerhalb des Fashion- und Kreativ-, »Be Yourself«-Kosmos vor. Die Ausstattung stammt vom früheren Kreativdirektor der chinesischen Ausgabe der *Vogue*. Der Film wirkt wie eine einzige Lifestyle-Zeitschrift, freilich mit grundsätzlichen Botschaften. Als ein junger Mann aus reichem Haus seiner Freundin versichert, Liebe habe für ihn nichts mit Geld zu tun, sagt diese zögernd: »Aber Liebe ohne Materialismus ist wie Staub, der verweht.«

Die Reaktionen auf den Film sind denkbar gegensätzlich. So hasserfüllt sich die meisten Über-Zwanzigjährigen äußern, so begeistert sind die meisten Jüngeren, die den Kritikern vorwerfen, »zu alt« zu sein, um die neue Wirklichkeit zu verstehen. Im Abscheu der Älteren kommt womöglich auch ein Erschrecken über sich selbst zum Ausdruck – ein Erschrecken über die Synthese von Geld, Macht und äußerem Schein, die keinem von ihnen unvertraut ist, aber nur selten einmal so unverstellt gefeiert wird wie bei diesem jungen Literaten.

2. Chao Hai
oder: Die Wildheit der Tusche

Hätte uns ein Bekannter nicht auf ihn aufmerksam gemacht, wir wären dem Maler Chao Hai wohl niemals begegnet. In mehreren Kunstzeitschriften erschienen zwar vor kurzem große Artikel über ihn, und ihm war auch noch der Titel eines »herausragenden chinesischen Künstlers des 21. Jahrhunderts« mit dazugehörigem Prachtband zuerkannt worden. Doch all das geschah in einer Welt, die kein Ausländer für gewöhnlich betritt: der Welt der sogenannten »offiziellen« chinesischen Kunst, deren staatlich alimentierte Traditionspflege im Ruf steht, dass längst alles Leben aus ihr gewichen sei. Wenn im Westen heute von »neuer chinesischer Kunst« die Rede ist, die international immer höhere Preise erzielt, meint man wie selbstverständlich jene andere, die »unabhängige«, experimentelle Kunst, die sich seit 1979 von den Normen der Tuschemalerei ebenso wie des sozialistischen Realismus befreite und stattdessen Anschluss an die westlichen Post-Duchamp-Bewegungen und deren Märkte suchte. Die beiden Welten existieren streng voneinander getrennt und verfügen über je eigene, komplett verschiedene Akteure, Diskurse und Orte.

Chao Hai ist freilich alles andere als ein Staatskünstler, und er ist auch frei von irgendwelchen akademischen Vorschriften. Bei seiner Kunst ließe sich gar nicht mehr entscheiden, ob man sie als »traditionell« oder »modern« bezeichnen soll. Tatsächlich findet seit Anfang des letzten Jahrhunderts ja auch in der »Traditionswelt« eine mal stärkere, mal schwächere Konfrontation mit westlicher Kunst und Moderne statt, während die »Avantgardisten« allmählich damit beginnen, ihre Vorläufer vor der Kulturrevolution zu entdecken und sogar an älteste Traditionen anzuknüpfen. Dass die Trennung der Welten dennoch von beiden Seiten künstlich aufrechterhalten wird, zeigt bloß, wie sehr die Brüche und Katastrophen, die das ganze Land im letzten Jahrhundert heimsuchten, auch die Kunst zersplittert und ihr den Weg zu einer organischen Entwicklung versperrt haben. Deshalb ist es so schwer, das Spezifische zu finden, das China heute zur zeitgenössischen Kunst beiträgt.

Chao Hai holt uns im Geländewagen seines Neffen am Dritten Ring in Peking ab, und zusammen fahren wir zum Künstlerdorf Songzhuang, wo gerade einige Bilder von ihm ausgestellt werden. Er ist ein untersetzter Mann mit einem freundlichen, gesammelten Gesicht; über der Stoffhose trägt er ein traditionelles Hemd. Während der mehr als zweistündigen Fahrt über die an diesem Tag besonders überfüllten Straßen redet er ununterbrochen. Er ist Dozent an der Kunsthochschule von Xi'an, und schon seit zwanzig Jahren experimentiert er mit den Grundmaterialien der traditionellen Malerei, mit Tusche, Pinsel und Papier. Aber er ist offensichtlich ein Außenseiter auch in dieser Sphäre; erst in den letzten Monaten hat er dort zum ersten Mal öffentliche Anerkennung erhalten. Er erzählt, dass er seit seiner Kindheit die alten chinesischen Kampfkünste praktiziere, die nicht nur den Körper, sondern auch die Wahrnehmung schulten. Die Kunst, so wird deutlich, ist für ihn eine Fortsetzung dieser Art Kampfkunst mit anderen Mitteln, eine andere Weise, die gleichen Wahrnehmungen zu machen und »das Leben zu nähren«, wie eine alte Formulierung lautet.

»Die Malerei erreicht Vortrefflichkeit nur dann«, hieß es bei Shen Zongqian aus der Qing-Dynastie, »wenn der Atem, der von Pinsel und Tusche ausgeht, sich so vollständig auf den Atem des Universums einstimmt, dass beide wie eins sind. (...) Es ist daher entscheidend, dass die Idee aller Dinge im Herzen des Künstlers bereits vollendet ist, damit die Ausführung des Gemäldes, die spontan das Feine und Dichte, das Helle und Dunkle, das Schwache und Starke verwirklicht, von dem lebendigen Strom beseelt ist, der das Universum durchzieht.« Auf den Westler – wohl auch auf die meisten zeitgenössischen Chinesen – machen die Begriffe der traditionellen Ästhetik oft einen verwaschenen Eindruck, da der soziale und philosophische Kontext, in dem sie entstanden, nicht mehr präsent ist. Man nimmt sie dann gern als bloß exotisches Dekor zur ähnlich im Nebel verschwimmenden Tuschemalerei, wie man sie zu kennen glaubt.

Deshalb ist Chao Hai so frappierend: Bei ihm lernt man die vermeintlich diffuse Theorie ernst zu nehmen, weil sie bei ihm zu etwas völlig anderem führt als zur konventionellen Manier. In Songzhuang ist die Luft noch um einige Grade schlechter als in Peking, man kann durch die dichten Schwaden kaum hindurchgucken. In einem großen, offensichtlich erst vor kurzem gebauten Ausstellungshaus hängen im dritten Stock fünf Bilder von Chao: Dunkle, massige Körper sieht man da, deren Umrisse sich erst mit etwas Abstand als Rinder zu erkennen geben. Als Erstes fällt die pure Materialität ins Auge, die verschiedenen Schichten Tusche, die Chao aufgetragen hat und die mit ihren Farbabstufungen und Verkrustungen aussehen, als würden sie bei aller Schwere atmen.

Chao Hai folgt nicht den ausführlichen Regeln der Linienführung, die schon in der Tang-Dynastie (bis zum neunten Jahrhundert) entwickelt wurden. Und er kritisiert die Literatenmalerei jener Dichtermaler, die sich vor politischen Ränken in die Natur flüchteten und nur selten einmal Menschen malten und einfache Menschen schon gar nicht. Er wolle, sagt er, mit den traditionellen Mitteln zu einer ursprünglichen Schlichtheit und Kraft vorstoßen, wie er sie in den Steinmonumenten der Qin-Zeit findet, als es noch gar keine Tuschemalerei gab. Was er an der Tusche preist und weshalb er sie entschieden dem Öl vorzieht, ist gerade ihre Unvorhersehbarkeit und Willkürlichkeit.

Chao hat eine spezielle Technik entwickelt, die Tusche durch einen besonders hohen Wasseranteil noch flüssiger zu machen und sie zugleich mit Ocker und Steinpulverpartikeln zu versetzen; sie wird dann in mehreren Schichten auf das besonders saugfähige und schwer beherrschbare Sheng-Xuan-Papier aufgetragen. So bringt die Tusche nicht den gewohnten kontrolliert verfeinerten Eindruck hervor, sondern etwas Wildes, etwas so Grobkörniges, Rauhes wie gelbe Erde, das nicht einfach seinen bewussten Absichten entspricht, sondern als Abbild seines durch Zufälle gelenkten Inneren gelten kann. Das Leben, das diese Bilder bei all ihrer schweren Materialität ausstrahlen, liegt offenkundig noch vor der westlichen Unterscheidung von Körper und Geist.

Auf einem der Bilder erkennt man zunächst nur eine unförmige Masse in Rautenform. Das seien die Schultern eines Bauern, erklärt Chao. Der abstrakte Eindruck kommt von der ungewöhnlichen, leicht von unten heraufblickenden Perspektive, durch die man den gebeugten Kopf des Mannes nicht sehen kann. Die Rückenansicht wirkt da wie ein Gebirge: wuchtig und kolossal, wenngleich wie unter schwerer Last gedrückt. Von dieser Schulter geht etwas sehr Kraftvolles und dabei Mitfühlendes aus. In der offiziellen Kunstwelt wird Chao wegen solcher Motive oft als »Bauernmaler« bezeichnet, aber natürlich hat er nichts mit dem platten sozialistischen Realismus zu tun, den man sonst darunter versteht. Er ist an Bauern weder als sozialer Klasse noch als Inbegriff der chinesischen Nation interessiert. Eher trifft es der Kritiker Wang Luxiang, wenn er pathetisch schreibt: »Bei Chao Hai ist der Bauer ein Buddha.«

Das Verwirrende und Interessante bei diesem Maler ist, dass seine Kunst keineswegs eine Verbindung zwischen alter chinesischer und neuer westlicher Kunst sucht. Sie stellt keine abstrakte Synthese der Formensprachen her, operiert auch kein bisschen mit Symbolen der einen oder anderen Sphäre. Chao kann mit der Gier nach dem Neuen, die chinesische Künstler ihren westlichen Kollegen abgeguckt haben, nichts anfangen; er arbeitet, was Geist und Material betrifft, ganz aus dem Horizont der traditionellen Kunst heraus.

Doch was er dabei zustande bringt, vollzieht einen radikalen Bruch mit den erstarrten Konventionen; es gibt dem Experiment und der eigenen subjektiven Erfahrung so viel Raum, dass man im Westen nicht zögern würde, es »modern« zu nennen.

3. Pang Fei
oder: Der Denker des Alltäglichen

Wir treffen Pang Fei am Ende einer Gasse, die zu finden der Taxifahrer erhebliche Mühe hat. Die »Yidan-Schule«, die der junge Philosoph gegründet hat, residiert in einem winzigen, an einen Verschlag erinnernden Haus in der Nähe der Peking-Universität. Im Eingangsraum brennen Räucherstäbchen vor einem kleinen Altar an der Wand. Im weißgetünchten, kahlen Zimmer nebenan sitzt Pang Fei in einem dicken Parka, um ihn herum vier weitere junge Männer. Die fünf stehen zur Begrüßung auf, setzen dann aber erst mal ihre Unterhaltung fort, bei der wir sie unterbrochen haben.

Unterhaltung ist zu viel gesagt. Nur Pang Fei, ein immer noch jung aussehender Mann mit kurzen Haaren und einem sanften, aber entschiedenen Gesichtsausdruck, redet leise und bestimmt, während die anderen mit leicht geneigtem Kopf dasitzen und zuhören. Es geht um das Verhältnis zwischen Lehrern und Schülern. Dieses Verhältnis, sagt Pang, sei durch die Begriffe nicht schon beschrieben, es müsse von innen her mit Leben gefüllt werden. Das Lernen habe unmittelbar mit dem Leben zu tun.

Die mittlerweile tausend Mitarbeiter der Schule erteilen an Grundschulen Unterricht im »Dreizeichen-Klassiker«. Dabei handelt es sich um eine Art Kinderkatechismus aus der Song-Zeit, der die Eckpunkte der konfuzianischen Anthropologie und Geschichtsvorstellung in kurzen Zeilen von jeweils drei Schriftzeichen zusammenfasst. »Von Geburt her /

sind die Menschen gut, / ihre Natur ist gleich, / erst ihre Ge-
wohnheiten machen sie verschieden. / Wird die Natur ver-
nachlässigt, / nicht unterrichtet, verkommt sie« – so lauten
die ersten Zeilen, die schon den Zusammenhang von Lernen und Moral herstellen, der für das konfuzianische Denken kennzeichnend ist. Die Kinder sollen den Klang der
fremden Sprache in sich aufnehmen und lernen die Zeilen
auswendig.

Doch beim Schulunterricht allein bleibt es nicht. Die Mitarbeiter sind in mehr als zwanzig Provinzen aufs Land gefah-
ren, um die Bildungssituation dort zu untersuchen. In den
Universitäten treffen sich Studenten frühmorgens, um gemeinsam die Klassiker zu rezitieren. Man stellt sich nach Osten, zum Aufgang der Sonne hin, und achtet besonders auf
den Rhythmus: Das ist allerdings keine alte Tradition, sondern eine Neuerfindung des Instituts. Offiziell anerkannt ist
die Schule nicht, aber sie wird geduldet.

Pang Fei legt Wert darauf, dass es bei der chinesischen
Kultur, die er verbreiten will, nicht zuerst um bestimmte
»Ideen« gehe, sondern um den konkreten Menschen, dessen Ziel es sei, angenehm und mit Leidenschaft zu leben.
Die Bedeutung Chinas für die Welt bestehe auch nicht in irgendwelchen Ideen, die es von oben herab zu predigen gelte, sondern darin, dass es zuerst sich selbst versteht. Dazu will
die Schule beitragen; sie will von den Räucherstäbchen über
die Gesten und den gesammelten Blick bis hin zur Sprache
eine Atmosphäre herstellen, in der die Chinesen ihrer selbst
bewusst werden können. Was daraus entsteht, sagt Pang, könne man jetzt noch nicht wissen. »Wir haben keine bestimmte
Erwartung für die Zukunft; wir haben keine spezielle gesellschaftliche Vorstellung.«

Erst spät kommt das Gespräch auf Konfuzius, der für die
Schule kein Selbstzweck sei; die chinesische Tradition als
Ganzes gehe ja auch weit über ihn hinaus. Aber in China sei
die Luft voll von Konfuzius, er sei der alltäglichste aller Den-

ker und außerdem der Denker der Alltäglichkeit. So müsse, auch wer zu anderen Denkern, zum Daoismus oder zum Christentum etwa, fortschreiten wolle, erst einmal durch die Schule der konfuzianischen Alltäglichkeit gehen. Zum Beispiel der Idee, dass das Schlechteste, was ein Kind seinen Eltern antun könne, sei, ohne Nachkommen zu bleiben: Diesen Satz müsse erst einmal verstehen lernen, wer später möglicherweise zu anderen Denk- und Lebensweisen für sich kommen will.

Wenn man Pang Fei hört, meint man in ihm ein Gegenecho zu jenem »Aufruf an die Jugend« zu vernehmen, mit dem der junge Schanghaier Intellektuelle Chen Duxiu 1915 dem gerade Republik gewordenen China die letzten Reste des konfuzianischen Kultursystems auszutreiben versuchte. Mit den alten chinesischen Schriften, schrieb Chen, fühle man sich wie ein Fremder in der Welt; man komme aus der Passivität und Rückwärtsgewandtheit, die China seine demütigende Abhängigkeit von ausländischen Mächten eingetragen hätten, nicht heraus. Mit westlichen Büchern dagegen, auch wenn sie pessimistisch sind, fühle man sich in der Welt und könne wieder agieren.

Heute scheint sich Chinas Selbstachtung das entgegengesetzte Problem zu stellen: Inmitten der Globalisierung fühlen sich immer mehr Menschen fremd im eigenen Land. Pang Fei schafft es, den früheren traditionsfeindlichen Impuls, dem ja auch die regierende Kommunistische Partei ihre Entstehung verdankt, mit der gegenwärtigen Lage in einem gemeinsamen Geschichtsschema unterzubringen. Die Revitalisierung Chinas, meint er, habe drei Phasen durchlaufen müssen: Revolution, wirtschaftlicher Aufschwung, kultureller Aufbruch. Mittlerweile sei die dritte Phase erreicht.

4. Mo Yan
oder: Der nicht verbotene Schriftsteller

»Es passiert oft, dass Genossen ihren korrekten Standpunkt verlieren.« Es war ein ungeheuerlicher und dabei höchst merkwürdiger Vorgang, als sich der Schriftsteller Mo Yan zusammen mit neunundneunzig anderen chinesischen Autoren bereiterklärte, diesen und andere Sätze aus Maos »Reden zur Literatur und Kunst« von 1942 für eine Jubiläumsausgabe abzuschreiben. Bei den sogenannten Yanan-Reden ging es um die Pflicht des »Kulturschaffenden« zur Parteilichkeit, um den grundsätzlichen Primat der Politik über die Kultur. Die öffentliche Verbeugung vor diesem Text widerspricht anscheinend nicht nur den schonungslosen Schilderungen von den Schrecken der Mao-Zeit, die Mo Yan in einigen seiner Romane gegeben hat – sie steht vor allem in einem krassen Gegensatz zu seiner eigenen Ästhetik, die sich in ihrer ausufernden grotesken Phantastik gerade nicht an die Zügel irgendeiner politischen Zielvorstellung, eigentlich überhaupt keiner Idee nehmen lässt.

Der Vorgang wurde, nachdem Mo Yan den Nobelpreis für Literatur erhielt, von vielen Kritikern zitiert, die ihm Anpassung an die Kommunistische Partei (deren Mitglied er ist) vorwerfen und die bei ihm das offene Wort vermissen, welches von einem in einer Diktatur lebenden Intellektuellen zu erwarten sei. Aber das löst nicht die abgründige Paradoxie auf, die in dem Fall steckt.

In China glauben manche, dass die Sache überhaupt nichts weiter bedeute. »Dass er das gemacht hat, war nur eine formelle Angelegenheit«, meint die Autorin Zhao Lihua in einem Blogeintrag: »Es ist nicht angemessen, es von einem moralischen Standpunkt aus zu verurteilen.« Mit »formell« ist offenbar gemeint, dass es sich um eine bloße Gefälligkeit unter Leuten gehandelt habe, die sich kennen und die voneinander abhängen. Das wäre ein Grundmuster der Beziehungspflege, wie es in China allseits geübt wird und auf Verständnis rechnen kann – ein Grundmuster freilich, das voraussetzt, dass öffentlich geäußerte Gedanken und Kundgebungen grundsätzlich nicht beim Nennwert zu nehmen sind, weil jeder weiß, dass sie bloß durch Druck und Gruppenloyalitäten zustande kommen.

Mo Yan hat sich in einer anderen Sache einmal mit einem sehr aufschlussreichen Argument verteidigt. Vor der Frankfurter Buchmesse 2009 hatte er den Saal zusammen mit jenen Staatsfunktionären verlassen, welche gegen die Einladung von Dissidenten protestierten. Die »Realität in China« sei, sagte er dazu einer chinesischen Zeitschrift, dass er seine Krankenversicherung nur über den staatlichen Schriftstellerverband bekomme. Deshalb könne er es verstehen, dass Ausländer ihn kritisierten, doch wenn seine Landsleute, die doch die Realität kennen, das täten, sei das »unverschämt«.

Auch Mo Yans Literatur baut oft auf eine allseits geteilte Kenntnis dessen auf, wie es ist, in einem kommunistischen System zu leben; allerdings spielt sie zugleich mit dieser Kenntnis und unterläuft sie. In dem Roman »Die Schnapsstadt« von 1992 wird ein Sonderermittler in eine entlegene Stadt geschickt, in der reich gewordene Parteikader kleine Kinder kulinarisch zubereiten und verspeisen sollen. Das groteske Sujet wird immer wieder unterbrochen durch den Briefwechsel zwischen einem enthusiastischen Jungliteraten und einem »verehrten Meister« namens Mo Yan, der die ihm zugeschickten Texte lieber nicht bewerten will: »Was die Möglichkeiten der Veröffentlichung angeht, gibt es normalerweise zwei Kriterien: ideologische und ästhetische. Ich habe beide noch nie verstanden. Und das meine ich so.« Er überlässt das Urteil daher den Herausgebern der »Volksliteratur«, an die er die Texte weiterleitet. In dieser literarischen Figur Mo Yan scheint tatsächlich viel von der Selbstironie und Doppelbödigkeit des Autors gleichen Namens zu stecken, die mit der Macht der Kriterienaufsteller rechnet, sich aber nicht mit ihr identifiziert.

Auch etwas von seiner Zaghaftigkeit im Alltag, aus der er kein Hehl macht: »Im normalen Leben«, gab er einmal zu Protokoll, »kann ich folgsam und feige wie ein Enkelkind sein, aber wenn ich schreibe und mich in der Literatur aufhalte, dann habe ich den unheimlichen Mut von einem Dieb, einem Lüstling und einem wilden Hund.«

Dass sich eine Reihe chinesischer Autoren mit einer solchen Art Trennung von Literatur und Leben nicht mehr zufriedengibt, sagt einiges über den neuen, nicht zuletzt durch das Internet vorangetriebenen Status der Öffentlichkeit im Lande. Während es in den Anfängen der Reformpolitik schon als Fortschritt galt, wenn man das Eigenrecht der Literatur und der anderen Künste behaupten konnte, wird heute die Bereitschaft angemahnt, sich öffentlich zu positionieren, im Sinne eines westlichen Intellektuellen, der Zeichen setzt.

Innerhalb der chinesischen Gesellschaft ist dieser veränderte Standard für das öffentlich geäußerte Wort ein ermutigendes Signal. Das kollektive Einverständnis darüber, dass Ideen und Manifeste im Ansatz korrupt seien, wird nicht mehr ohne weiteres hingenommen. Aber es hat einen unguten Beigeschmack, wenn Dissidenz aus einer fernen, sicheren Sphäre eingefordert wird, in der sie nicht nur risikolos ist, sondern geradezu zum als korrekt erwarteten Verhalten gehört. Oder ein Label ist, unter dem Verlage ihre Bücher besser vermarkten können: »In China verboten!«, steht dann auf dem Einband. Eine westliche Haltung, die Kunst und Literatur nur auf ihre politischen Kommentarfunktionen hin abklopft, läuft Gefahr, Maos Yanan-Doktrin unter umgekehrten Vorzeichen zu bekräftigen und damit hinter den in China erreichten Stand zurückzufallen.

In seiner Rede zur Eröffnung der Frankfurter Buchmesse hatte Mo Yan 2009 gesagt, ein Schriftsteller solle seine Kritik und seine Entrüstung über die dunklen Seiten der Gesellschaft zum Ausdruck bringen, »aber wir sollten dabei nicht nur eine einzige Form des Ausdrucks benutzen. Einige mögen lauthals auf der Straße schreien, aber wir sollten auch die tolerieren, die sich in ihre Zimmer zurückziehen und die Literatur gebrauchen, um ihre Stimme zur Geltung zu bringen.« Das ist eine Haltung, die er schon seit langem durchhält. In der »Schnapsstadt« reißt dem sanften Mentor namens Mo Yan an einer Stelle der Geduldsfaden: »Wenn es da draußen irgendwelche Schweinehunde gibt, die versuchen, die literarische Szene zu monopolisieren, bin ich gerne bereit, sie gemeinsam mit Ihnen zu beschimpfen und zu verfluchen.« Man sollte diesen Schriftsteller beim Wort nehmen und lesen, was hinter seiner Wut steckt. Was diese Stimme über die Dunkelheit in Wirklichkeit zu sagen hat.

5. Han Han
oder: Das Leben mit der zensierten Sprache

Die chinesische Sprache, sagt der Schriftsteller Murong Xuecun, sei heute zweigeteilt in eine »sichere« und eine »riskante« Sprache. Jedes einzelne Wort könne vorsichtigen Lektoren, Verlegern und Zensoren verdächtig vorkommen, und das beschädige nicht nur die einzelnen Werke, sondern die Sprache selbst, »die Sprache des Philosophen Zhuangzi und der Dichter Li Bai und Su Dongpo und des großen Historikers Sima Qian«. Murong Xuecun erzählte bei einem Auftritt in Hongkong von einem paranoiden Verleger, der ihm einmal erklärte: »Am besten vermeidet man ganz, etwas Reales zu behandeln, denn alles Reale enthält Risiken.«

Inmitten solcher Wirklichkeitsvermeidungsstrategien im autoritär kontrollierten Staat ist mittlerweile eine Literatur eigener Art entstanden, die das Leben mit der zensierten Sprache selbst zum Thema hat. Ihr Meister ist der 1982 geborene

Romancier, Blogger und Rennfahrer Han Han aus Schanghai, der mit seinen mehr als dreihundert Millionen Klicks zu den populärsten Autoren der Welt gehören dürfte.

Seine Beliebtheit ist freilich nur in China verständlich, unter Leuten, die durch die Bedingungen des reglementierten Sprechens ein besonderes Gespür für Töne und Zwischentöne erworben haben. Als Han Han nach seinem Blog auch einen Mikroblog aufmachte, bestand sein erster Eintrag nur aus dem Zeichen »Wei« (»Hallo!«), doch schon das allein brachte ihm 13 900 Kommentare ein. Han Han schrieb zurück: »Ich wollte eigentlich ›Hey‹ statt ›Wei‹ schreiben, aber ich habe es nicht korrigiert, weil ich fürchtete, die Leute würden die ›zuständigen Behörden‹ dafür verantwortlich machen.« Es versteht sich von selbst, dass mit den »zuständigen Behörden« die Zensoren gemeint sind.

Han Hans Methode ist, sich selbst in Beziehung zu diesen übermächtigen Instanzen und deren Sprache zu setzen; er gebraucht sich gewissermaßen als Testperson, um deren Wirkungen an sich zu erproben. Einmal besprach er eine Ankündigung in der Zeitung, dass Handys, die pornographische Bilder oder Kurznachrichten weiterleiten, von Amts wegen abgestellt würden. Man müsse zur Polizei gehen und eine Erklärung unterschreiben, dass man das nie wieder tun werde, um sein Handy wieder gebrauchen zu können. »So ist die Regierung«, kommentiert er. »Sie gibt dir immer ein Verb und ein Substantiv, und dann erklärt sie das Substantiv nicht. Zum Beispiel sagt sie: nicht konterrevolutionär sein, aber nie sagt sie, was unter Konterrevolution zu verstehen ist. Diesmal sagt sie: nicht pornographische Nachrichten versenden, aber nie sagt sie dir, was unter einer pornographischen Nachricht zu verstehen ist.«

Ironisch schlüpft Han Han in die Rolle eines Verbraucherschützers der besonderen Art. Im Namen der normalen Propagandakonsumenten macht er deren Recht auf präzise Auskunft geltend, was sie denn nun zu tun und zu lassen hätten:

»Ich habe mich dazu entschlossen, mich zu opfern. Ich werde jetzt immer wieder alle möglichen Sorten von pornographischen Nachrichten verschicken, bis mein Handy abgestellt wird, und dann werde ich jedermann sagen, was genau eine pornographische Nachricht und eine pornographische Information ist.« Er bittet die Leser, seine Mitteilungen daher nicht misszuverstehen: »Ich stelle nur Erkundungen an.«

Diese Methode hat umso mehr Pop-Appeal, als Han Han auch schon vor seinen Erkundungen eine schillernde öffentliche Figur in China war. Berühmt wurde er als literarischer Vertreter der »Post-Achtziger-Generation«, also jener in den achtziger Jahren Geborenen, denen man nachsagte, dass sie respektloser und egozentrischer als alle chinesischen Generationen vor ihnen seien. Sein erster Roman, den er mit siebzehn veröffentlichte, machte sich über das Erziehungssystem lustig; er wurde mehr als eine Million Mal verkauft.

Dann machte er deutlich, dass auch der Kulturbetrieb ihn nicht halten konnte: Er wurde Rennfahrer und fing in seinem 2006 eröffneten Blog an, etablierte Kulturautoritäten und Intellektuelle zu verhöhnen. »Ich mag schon nicht, wie sie aussehen«, schrieb er über die gegelte Frisur der Gelehrten, die im Fernsehen auftreten, und die Dichterklasse des Landes bezeichnete er als »inkompetent, faul, amoralisch, logischer Gedanken unfähig und nervenschwach«. Dem Typus »mittelalter chinesischer Mann« im Kulturbetrieb hielt er generell entgegen: »Sie schwelgen alle bloß in den aufgeblasenen Konzepten, die sie selber erfunden haben.«

Zwar veröffentlichte er weiter Romane, und einmal versuchte er auch ein Literaturmagazin herauszugeben, das er schon nach einer Nummer aus undurchsichtigen Gründen wieder einstellen musste. Aber es besteht weithin Einigkeit darüber, dass seine bedeutendste literarische Hervorbringung sein Blog ist, der mit der fortlaufenden Kommentierung der offiziellen Sprache zuletzt sein eigentliches Thema gefunden hat.

Die Zensur scheint ihm dabei weniger eine intellektuelle oder ideologische als eine vitale Frage zu sein. Gegenwärtigkeit, Präzision und Spontaneität – die Kennzeichen seines eigenen Stils – sind für ihn das Maß, das er auch an den Umgang mit den vorgefundenen gesellschaftlichen Grenzen anlegt. Das immer wieder auftauchende Gegenbild ist die »50-Cent-Partei«, worunter in China jene Lohnschreiber verstanden werden, die für wenig Geld Meinungen im Internet verbreiten, die der Partei wohlgefällig sind. »Die 50-Cent-Partei«, schreibt Han Han, »ist sehr leicht zu erkennen, weil Leute, die ihre Seele verkauft haben, und vor allem solche, die ihre Seele billig verkauft haben, keine emotionale Fundierung ihrer Worte haben, so dass allem, was sie sagen, die Dramatik fehlt.«

Über seinen eigenen Anspruch an das Schreiben formulierte er einmal: »Die Worte und die Zeichensetzung sind alles lebendige Dinge; sowohl die langen wie die kurzen Sätze haben eine Seele.« Doch zugleich, und auch das trägt wahrscheinlich zu seiner Beliebtheit bei, gibt er nie vor, sich ganz außerhalb der grauen reglementierten Welt stellen zu können. Sein bevorzugtes Medium ist nicht Opposition, sondern Selbstironie: »Warum lobe ich selten die Regierung?«, fragt er einmal. »Erstens, weil ich Angst habe, dass man mich für ein Mitglied der 50-Cent-Partei hält; zweitens, weil Lob bedeutungslos ist, wenn man vorher den Mangel an Meinungsfreiheit kritisiert hat; und drittens habe ich schon meine Steuern bezahlt, von denen die Löhne der 50-Cent-Partei beglichen werden, und indirekt ist damit dann ja schon die Unterstützung der Regierung abgegolten.«

Sätze wie diese lassen das Publikum durchatmen: Han Han sprengt die Unehrlichkeit und Verkniffenheit offizieller Sprachregelungen auf, ohne eine davon unberührte Zone für sich zu beanspruchen und Dissident zu werden. Das sorgt für den größtmöglichen gemeinsamen Nenner unter den Lesern, die heute nicht nur die meist jüngere Bloggerszene im engeren Sinn umfassen, sondern Leute aller Altersschichten und Milieus.

Gleichzeitig trägt es dazu bei, dass sein Blog nicht als Ganzer von den Behörden gesperrt wird, wie es vielen anderen in China ergeht, sondern nur einzelne Einträge zensiert werden. Manche Kritiker wie der Literaturwissenschaftler Xu Ben finden ein solches »Spiel mit der Sprache« freilich nicht so ergiebig: Es könne nur in einer Gesellschaft funktionieren, die die Wahrheit nicht direkt aussprechen kann; es sei schnell und überraschend, aber nicht unbedingt »gründlich durchdacht«.

Doch eben weil der Blogger von innen und unten auf die offizielle Sprache guckt, kann er immer wieder verblüffende Verbindungen zwischen Propaganda, großem Weltgeschehen und der Rolle herstellen, die der Einzelne darin spielt. »Wie können unsere Politiker so groß tun und ihre Häupter auf der internationalen Ebene erheben? Wegen dir, wegen jeder einzelnen billigen Arbeitskraft in diesem Land. Du bist Chinas Handelseinsatz, eine Geisel des Bruttoinlandsprodukts.«

Dass er über die Grenzen nicht hinausgeht, die er mit fast der gesamten chinesischen Gesellschaft teilt, erachtet Han Han sogar als eine spezielle Qualität. Das reformorientierte Wirtschaftsmagazin *Caijin* fragte ihn kürzlich, ob er, der das Erziehungssystem des Landes so heftig kritisiert hat, seine eigenen Kinder an ausländische Schulen schicken werde. Was er darauf sagte, ist eine implizite Auskunft zum Erfahrungsgrund seines eigenen Schreibens: Die Kinder sollen auf chinesische Schulen gehen, denn »sie sollen die Schwierigkeiten des Lebens kennenlernen, seine angeborene Ungerechtigkeit, das Heuchlerische der heutigen Moral und den Betrug des menschlichen Herzens«. Wie sonst sollte man in diesem Land überleben können?

So sind Han Han und sein phänomenaler Erfolg der perfekte Ausdruck der Doppelgesichtigkeit, die die chinesische

Gesellschaft als Ganze auszeichnet. Bis jetzt zumindest nimmt sie den Rahmen hin, den ihr die Obrigkeit verordnet, doch zugleich lässt sie sich das Denken weit weniger verbieten, als man von außen oft annimmt. Als Han Han eine Rede an der Universität von Xiamen hielt, sagte er den Studenten: »Ich glaube, die meisten von euch halten nicht still, ihr seid nur harmonisiert, das ist alles.« Die eigenartige Passivkonstruktion, eine satirische Verballhornung der offiziellen Parole von der »harmonischen Gesellschaft«, ist in der chinesischen Öffentlichkeit weit verbreitet.

Das neue Leben

Deng Xiaoping hatte für seine legendäre »Reise in den Süden« mit dem Zug von Peking nach Guangzhou 1992 noch zwei Tage gebraucht, bevor er den Genossen einschärfen konnte, ohne kapitalistische Modernisierung könne niemand Parteisekretär bleiben. Heute benötigt man mit dem Hochgeschwindigkeitszug für dieselbe Strecke nur noch neun Stunden, selbst wenn man die ein oder andere Verspätung mit einkalkuliert. Das Leben hat sich für die Chinesen in den letzten Jahrzehnten auf vielen Ebenen verändert. Generell gilt, was sich vom Pekinger Straßenverkehr sagen lässt: Bewegung kommt vor Ruhe, das Unvorhersehbare vor dem Erwartbaren, das Ereignis vor dem Recht, das Fließende vor dem Status quo. Hauptsache, weiterfahren, im Fluss bleiben. Die Stichworte des sechsten Kapitels beschäftigen sich mit Ausdrucksformen eines Alltags, der mit seiner verwirrenden Mischung höchst unterschiedlicher Stile und Zeiten Erwartungen permanent unterläuft.

1. Straßenverkehr
oder: Die Gesetze des Fließens

Spätestens seit dem 1. Mai 2004, als das neue Verkehrssicherheitsgesetz in Kraft trat, gelten auf chinesischen Straßen mehr oder weniger die gleichen Bestimmungen wie in Deutschland. Wer aus diesen offiziellen Regeln jedoch ein ihm zustehendes Recht ableiten würde, auf dem er in Unkenntnis der ungeschriebenen Regeln oder gar im offenen Widerspruch zu diesen beharrte, der bezahlte einen solchen

Starrsinn zweifellos mit seinem Leben. Zum Beispiel an einem Zebrastreifen.

Die Pekinger Stadtverwaltung, die sich gern die Parole »Zivilisiertheit« auf die Fahnen schreibt, hat zahlreiche solche Übergänge eingerichtet, und alle Fahrschüler lernen, dass sie sich ihnen mit verminderter Geschwindigkeit nähern sollen, um gegebenenfalls vor dort die Straße überquerenden Fußgängern anzuhalten. So weit die kodifizierte Regel, wie sie durch internationalen Brauch eine zusätzliche Bestätigung erfährt.

Die ungeschriebene Regel aber befiehlt: Wenn sich Fußgänger auf dem Zebrastreifen befinden, soll man sie durch entschiedenes Hupen auf das mit gleichbleibender oder noch erhöhter Beschleunigung nahende Fahrzeug aufmerksam machen, damit sie die Vergeblichkeit ihrer ursprünglichen Absicht einsehen und augenblicklich den Rückzug antreten. Dieses Verfahren ist erprobt und unterliegt auch keinerlei Anfechtung, etwa vonseiten der betroffenen Fußgänger. Ohne das geringste Zeichen von Unwillen ziehen sie sich zurück, um auf einen günstigeren Augenblick für ihr Vorhaben der Straßenüberquerung zu warten. Manche jüngere Frauen kichern sogar ein wenig über sich selbst und ihren aussichtslosen Übermut. Nur eine Handvoll Ausländer, typischerweise Westler, reagieren entrüstet; sie fuchteln mit den Händen, gucken die Autofahrer böse an, und nicht selten stoßen sie sogar wüste Beschimpfungen aus. Die Autofahrer und die anderen Fußgänger blicken diese plötzlich rotgesichtig gewordenen Wesen ihrerseits verwundert an. Aber jeder weiß, dass Ausländer leichter die Contenance verlieren, und man hat Verständnis.

Unter einer vertraut wirkenden Oberfläche verhalten sich Recht und Gewohnheit auf Pekinger Straßen also ganz anders zueinander, als westliche Verkehrsteilnehmer es als selbstverständlich voraussetzen. Auf der anderen Seite kann man die Systeme längst nicht mehr voneinander getrennt betrachten.

Unter westlichen, zumal deutschen Autobauern gilt China als Rettung, als der vielversprechendste Markt der Welt. Allein in Peking werden jährlich 150 000 neue Fahrzeuge zugelassen. Höchste Zeit also, dass sich der Westen auch mit den Regeln vertraut macht, die unter den Endverbrauchern dieses Markts herrschen.

An Ampeln verhält es sich anders als an einfachen Zebrastreifen: Die meisten Pekinger Autofahrer halten tagsüber bei Rot. Das bedeutet jedoch keineswegs, dass ein Fußgänger in einem solchen Fall getrost die Kreuzung überqueren könnte, so als ob ihm das grüne Zeichen eine Lizenz dafür geben würde, einfach geradeaus zu gehen, ohne in jedem Augenblick auf das Unerwartete achtzugeben, das aus allen Richtungen hereinbrechen kann. Das können Rechtsabbieger sein, die ohnehin auch bei Rot immer durchfahren dürfen. Es können aber auch Linksabbieger sein, die plötzlich Grün bekommen haben, während auch die Fußgänger Grün haben. Das Gleiche gilt für die Rechts- und Linksabbieger der umliegenden Straßen, die sich mit forschem Tempo und selbstbewusstem Hupen ihren Weg durch die Scharen bahnen, die ihre Kreuzung bei Grün zu überqueren versuchen.

Bisweilen durchfährt auch ein mitten auf der Straße geradeaus steuerndes Auto die rote Ampel. Das sind meistens Autos ohne Kennzeichen, was verschiedene Gründe haben kann: Der Halter mag noch auf die Zulassung des Wagens warten, will aber nicht so lange aufs Fahren verzichten. Oder es handelt sich um eine schwarze Limousine mit abgedunkelten Scheiben, die durch eine Plakette der Kommunistischen Partei oder der Volksbefreiungsarmee als Dienstwagen höherer Funktionäre ausgewiesen ist. Solche Autos sind von den offiziellen Verkehrsregeln auch ganz offiziell ausgenommen, weshalb der Handel mit gefälschten Dienstwagen-Plaketten blüht.

Fußgängern fordern grüne Ampeln also eine gesteigerte Geistesgegenwart ab und die Fähigkeit, auf neue Situationen blitzschnell zu reagieren. An großen Kreuzungen reicht die Zeit der Grünphase oft nicht aus, um den vielfältigen Anforderungen gerecht zu werden: Wenn die Fußgänger gerade einmal die Mitte der Straße erreicht haben, springt die Ampel wieder auf Rot um. Viele Fußgänger sind deshalb davon überzeugt, dass rote Ampeln keine ungünstigeren Voraussetzungen zum Überqueren der Straße darstellen, und verhalten sich entsprechend.

Die ungeschriebenen Regeln des Pekinger Verkehrs verlangen freilich auch vom Autofahrer einen Zustand permanenter Wachheit. Selbst das vermeintlich einfache Geradeausfahren ist eine ständige Probe auf reaktionsschnelle Intelligenz. Von links, von rechts und von vorne können sich plötzlich andere Fahrzeuge in den Weg stellen, denen es ebenso behende wie unaufgeregt auszuweichen gilt. Von vorne können zum Beispiel, durchaus auch auf Stadtautobahnen, Fahrrad- oder Mopedfahrer kommen, die sich durch den Linksverkehr, der generell in China gilt, nicht in ihrer Fahrbahnwahl einschränken lassen. Westliche Ausländer, die daran nicht gewöhnt sind, pflegen solche vermeintlichen Geisterfahrer mit schreckensgeweiteten Augen anzustarren, können aber beim besten Willen kein Unrechtsbewusstsein in deren stoischen Mienen entdecken. Nicht anders verhält es sich bei Fahrzeugführern, die aus winzigen Gassen auf vierspurige Straßen einbiegen, ohne dem dort anrollenden Verkehr auch nur einen Blick zu schenken, geschweige denn den Blinker zu setzen. Denn die ungeschriebene Regel sagt, dass es keineswegs ein Recht auf unbehelligtes, ruhiges Geradeausfahren gibt. Derjenige hat recht, der sich zuerst bewegt, also Fakten schafft, indem er von links oder rechts kommend den Raum besetzt. Am statisch geradeaus fahrenden Element ist es dann, auszuweichen.

Generell gilt, dass Bewegung vor Ruhe kommt, das Unvorhersehbare vor dem Erwartbaren, das Ereignis vor dem Recht, das Fließende vor dem Status quo. Hauptsache, weiterfahren, im Fluss bleiben: Es muss schon einiges passieren, damit ein Autofahrer freiwillig seinen Wagen zum Halten bringt. Das Einbiegen in eine Vorfahrtsstraße gehört zu diesen Ausnahmefällen zweifellos nicht.

Die Nachteile eines solchen Anti-Systems treten vor allem auf Autobahnen zutage, auf denen die hohe Geschwindigkeit bisweilen kaum Zeit zum Ausweichen lässt. Die Vorteile leuchten am ehesten in engen Gassen ein, in denen sich aus verschiedenen Richtungen kommende Autos zu einer im wahrsten Sinne des Wortes verfahrenen Situation verknäult haben. Westliche Prinzipientreue bewährt sich beim vorausschauenden Vermeiden brenzliger Lagen; sind die Lage und das Chaos aber erst einmal eingetreten, kann sie leicht zu Stillstand und Verzweiflung führen. Da schlägt die Stunde der chinesischen Fahrer: Ohne große erkennbare Emotion und Rechthaberei schaffen sie es, durch geschickte Rück- und Seitwärtsmanöver den Knoten in der kürzestmöglichen Zeit aufzulösen und aneinander vorbeizufahren. Es ist da eine für den fremden Blick erst einmal undurchschaubare Intelligenz am Werke, die nicht nur die eigene Fahrtrichtung vor Augen hat, sondern die Situation als Ganze mit dem Gesamt der in ihr steckenden Bewegungsmöglichkeiten.

Eine Voraussetzung für das Funktionieren einer solchen Art Übersicht scheint dabei das völlige Absehen von der Person zu sein. Deshalb verbieten sich jene individuellen, interpersonellen Absprachen, wie sie in vielen Gegenden der Welt durch den Blickkontakt getroffen werden: Man guckt sich dort in die Augen und gibt sich auf diese Weise wechselseitig seine Absicht zu verstehen, ob man nun anhalten, weiterfahren, abbiegen oder sonst etwas will. In China gilt dagegen das Gesetz, dass derjenige, der sich bei einem Blick erwischen lässt, schon verloren hat. Ein Fußgänger, der Blickkontakt mit einem Autofahrer aufnimmt, bewirkt damit keineswegs das Anhalten des Autos, sondern das Gegenteil: Er gibt ja zu erkennen, dass er das anrückende Auto gesehen hat, und veranlasst den Fahrer dadurch zur Beschleunigung des Tempos.

Das Blickvermeidungsgebot gilt auch für die Beziehungen von Fußgängern untereinander. Auch hier kann von einem Recht auf unbehelligtes Geradeausgehen, wie es Bewohner der westlichen Hemisphäre wie selbstverständlich für sich in Anspruch nehmen, keine Rede sein. Man macht sich im Okzident gar nicht klar, wie sehr die Durchsetzung eines solchen Rechts davon abhängig ist, dass sich jeder einzelne Passant durch Blicke ständig mit den anderen Passanten über seine Gehrichtung und die der anderen verständigt, so dass im Ganzen möglichst wenig Modifikationen der einmal eingeschlagenen Wege notwendig sind. Eine solche Zielvorstellung besteht in Peking nicht.

Es kann gut passieren, dass andere Passanten dem Geradeausgehenden den Weg schneiden oder dass sie geradewegs auf ihn zusteuern – und den Blick dabei starr auf ihr Ziel oder auf die Füße des anderen gerichtet halten. Die Beteiligten reagieren darauf mit ungerührtem Ausweichen, ohne dabei allzu sehr von Berührungsangst geplagt zu sein. Dem Westler aber, der mit solchen Bewegungsformen unvertraut ist, bleibt die Spucke weg, und nicht selten bleibt er, seinen Ärger unterdrückend, einfach stehen und unterbricht dadurch den Fluss. Der andere Fußgänger, der nun seinerseits nicht weiterkommt, hebt zum ersten Mal den Blick und guckt das Hindernis ob der unerwarteten Stockung erstaunt an. Der Fremde neigt dazu, das blicklose Ihm-in-den-Weg-Laufen als Rücksichtslosigkeit zu interpretieren, doch richtiger wäre es wohl, von der Absichtslosigkeit eines quasi physikalischen Spiels der Elemente zu sprechen, bei dem die Einbeziehung irgendwelcher im engeren Sinn individuellen Faktoren nur stören würde. Was da augenscheinlich schwer vereinbar ist, ist die Vorstellung von öffentlichem Raum. Während der Westler gewohnt ist, ihn für eine Sphäre der Gemeinsamkeit zu halten, in der sich die Einzelnen gegenseitig wahrnehmen und begegnen, ist er in Peking eine bloße Transitzone, in der die Einzelnen gegeneinander abgeschlossenen Monaden möglichst störungsfrei aneinander vorbeigleiten. Es ist der oberste Imperativ der Bewegung, der dieses vermeintliche Chaos zu einer Harmonie prästabiliert.

Wenn die chinesische Mobilität jedoch in einem Maße zunimmt, dass sie am Ende in einem allgemeinen Stillstand implodiert, dürfte sich das Fließprinzip von der Straße ins Leben im Allgemeinen verlängern. Von den tagelang festsitzenden Fernfahrern wird berichtet, dass sie sich die Zeit mit Kartenspielen vertrieben, während die Bewohner der umliegenden Dörfer ihnen Getränke und Nudelsuppe zu saftig überhöhten Preisen verkauften.

Was den westlichen Blutdruck hochtreibt, ist vorerst jedoch weniger der Stillstand als die Bewegung mitsamt den dieser innewohnenden Prinzipien. Zwar ist heute auch in den chinesischen Gesetzen der Grundsatz verankert, dass bei Konflikten und Zusammenstößen erst einmal das größere Fahrzeug die Verantwortung zu tragen hat. Doch die realen Gesetze der Straße sehen anders aus: Fahrradfahrer haben hier Vorfahrt gegenüber Fußgängern, Pkw vor Fahrradfahrern, Lastwagen vor Pkw. Wer sich nicht an diese Hierarchie hält, dem wird sie durch entschiedenes Hupen in Erinnerung gerufen. Vielleicht ist das auch ein Grund für den selbst im Vergleich mit europäischen Metropolen auffallend hohen Anteil von kolossalen Jeep-Versionen deutscher Luxusmarken: Sie machen schon auf den ersten Blick jenen einschüchternden Eindruck, der für die alltägliche Straßenkonfrontation entscheidend ist.

Die Pekinger Verkehrsteilnehmer reagieren auf solche Hierarchien mit Gleichmut, ohne das geringste Zeichen von Ärger. Niemand hat recht, es gibt kein Recht, es wollen alle nur weiter. Also gibt es keinen Grund, sich aufzuregen. Westlern gelingt es hingegen oft auch nach Jahren nicht, sich mit dem Zustand zu arrangieren. Mit wilden Gesten oder lautstarkem Protest wollen sie dem Wildwuchs das Recht einprägen. Manche schreiben die Situation der Unerfahrenheit der chinesischen Fahrer zu, die nur wenige Jahrzehnte und nicht ein ganzes Jahrhundert Zeit hatten, sich auf die Epoche des Automobils einzulassen. Doch zugleich sind die ungeschriebenen Regeln der Straße auch ein Teil jener globalen kulturellen Auseinandersetzungen, bei denen die konsternierten Westler selbst ihren Part spielen. All die Fragen, die sich zwischen den Kulturen gemeinhin stellen, stellen sich auch im Straßenverkehr: Wie viel ist autochthon, was ist bloß den Umständen geschuldet? Was wird sich behaupten, was durch die Verflechtung mit anderen Kulturen ändern?

Im Internet tauchte vor Jahren das Video einer Pekinger Straßenszene auf, in der einer westlichen Frau mittleren Alters der Kragen platzte und sie ihr Fahrrad quer zum Fahrradweg stellte, um damit zu verhindern, dass diesen wie gewöhnlich Autos benutzen, die dem Stau auf der Fahrbahn ausweichen wollen. Ein Fahrer stieg aus seinem Wagen und beschimpfte die Frau, aber sie lächelte nur und blieb beharrlich. Schließlich gab der Fahrer klein bei und drehte ab. Das Video brachte es zu einiger Berühmtheit, viele Betrachter reagierten belustigt, andere aber stimmten der resoluten Frau bei. Der Sohn des schimpfenden Fahrers, dessen Namen die Internetbenutzer schnell herausgefunden hatten, verging vor Scham und beschwor seinen Vater öffentlich, sich bei der Frau zu entschuldigen.

2. U-Bahn
oder: Kampfplatz für ein besseres Leben

Tempo zählt. Wahrscheinlich ist die Schrittgeschwindigkeit in ganz Peking nirgendwo höher als morgens um sieben an der U-Bahn-Station Tiantongyuan Nord. Wir befinden uns gut zwanzig Kilometer nördlich vom Zentrum der Stadt, es ist die Schnittstelle zwischen dem äußersten Ring der Satellitenstädte und dem Land ringsum. Die Massen kommen aus südlicher und aus nördlicher Richtung: im Süden von einem Parkplatz und einer Fußgängerbrücke her, die über die Schnellstraße führt; im Norden aus einem Busbahnhof, in dem im Minutentakt völlig überfüllte Busse eintreffen. Mit jeder Ankunft kommt Bewegung in die Szene, denn sämtliche Passagiere verlassen den Bus mit beträchtlicher Geschwindigkeit.

Das Wettrennen endet nach hundert Metern schon vor der U-Bahn-Station an einem überdachten Labyrinth aus Gittern, das die herbeiströmenden Massen kanalisiert. Zwischen diesen Gittern kann nun niemand mehr vor oder zurück, die Luft wird knapp, es ist ein einziges Knuffen und Stoßen, aber ohne Aggressivität, eher mit einer konzentrierten Ergebenheit. Oft dauert es fünfzehn Minuten, bis die Menge durch dieses Gitterlabyrinth auch nur die Station erreicht, doch an diesem Morgen geht es schneller: Schon nach sieben Minuten kommen die schiebenden, drückenden Massen bei der Sicherheitskontrolle im Inneren der Station an. Es ist ein kaminroter Kasten, der in seiner Fensterlosigkeit wie ein übergroßer Container aussieht; an ihn fügt sich noch eine geschwungene, sonst aber schmucklose Glaskonstruktion an. Die U-Bahn fährt hier als Hochbahn. Es ist die Endstation der Linie 5, die seit 2007 das Zentrum der Stadt mit einigen nordwestlichen Randbezirken verbindet.

Tiantongyuan Nord ist ein wichtiger Ort für jeden, der die Gegenwart Pekings besichtigen will. Denn die Stadt, die gemäß den offiziellen Zahlen der Volkszählung von 2015 21,7 Millionen Einwohner hat, ist in den letzten beiden Jahrzehnten additiv gewachsen, in Gestalt von Satellitenstädten, die sich in immer weiteren konzentrischen Kreisen rings um den Kern anordnen. In Tiantongyuan jenseits der fünften Ringstraße, das 1998 als bezahlbare Alternative zu den für die meisten in Peking arbeitenden Angestellten schon damals nicht finanzierbaren Citywohnungen bezogen wurde, leben mindestens 300 000 Menschen. Was sie zu Pekingern macht, ist vor allem diese U-Bahn-Station. Wer kein Auto hat oder es wegen des immer längeren Stillstands im Innenstadtstau nicht benutzen will, muss durch das Nadelöhr der Linie 5 gehen, um seinen Arbeitsplatz in der Mitte der Stadt zu erreichen.

Eine Fahrt für eine Strecke bis sechs Kilometer kostet 3 Yuan (etwa 35 Cent), von sechs bis zwölf Kilometer 4 Yuan, von zwölf bis 22 Kilometer 5 Yuan. Jedes Jahr werden in Peking neue U-Bahn-Linien eröffnet. Das Streckennetz umfasst 554 Kilometer, bis 2020 sollen es schon mehr als tausend Kilometer sein, mehr als jede andere Metropole der Welt. Das Tempo ist atemberaubend. Schon jetzt verfügt Peking über das drittlängste Streckennetz nach Schanghai und London, und was die Benutzerzahlen betrifft, belegt es mit 1,84 Milliarden Passagieren pro Jahr nach Tokio, Moskau, Seoul und Schanghai, aber vor New York und Paris zurzeit den fünften Platz.

Doch in Tiantongyuan Nord spürt man den Druck, der noch auf diesem Tempo lastet. Anders als in den europäischen Städten, deren Industrialisierung und sprunghafte Expansion der U-Bahn-Bau begleitete, findet in Peking der Auf- und Ausbau des Streckennetzes statt, während die Stadt schon eine Größe erreicht hat, die ihr Fassungsvermögen eigentlich übersteigt. So ist trotz der Geschwindigkeit der neuen Streckeneröffnungen sowohl auf der Straße wie im Untergrund die Entlastung kaum zu spüren. Dazu ist die Rasanz zu groß, mit der die Bevölkerung, die Wirtschaft, die kaufkräftige Mittelschicht und die Zahl der Autozulassungen wachsen.

Der Verkehr auf den Pekinger Straßen mit seinen mehr als fünf Millionen registrierten Autos droht, wenn die bisherigen Steigerungsraten anhalten, im totalen Stillstand zu implodieren, ganz abgesehen von der globalen Bedrohung, die er für die Ozonschicht darstellt. Während die U-Bahn im Europa des neunzehnten und frühen zwanzigsten Jahrhunderts ein Realsymbol der wachsenden Metropole war, ist sie im Peking des 21. Jahrhunderts also ein Realsymbol für den Wettlauf mit der Zeit, den die Stadt ausfechten muss, um dem völligen ökologischen und verkehrstechnischen Infarkt zu entgehen.

Bei der Sicherheitskontrolle in Tiantongyuan Nord müssen die Taschen auf ein Band gelegt werden, über das uniformierte junge Polizistinnen wachen. Die Eingangshalle ist niedrig und von extremer Funktionalität: Außer glatt und sauber spiegelnden Böden, elektronischen Pfeilen, Automaten und Leuchtwerbung gibt es hier nichts. In den ersten Pekinger U-Bahn-Stationen aus den siebziger Jahren verwiesen noch Marmorverkleidungen oder kosmologische Wandbilder mit Sternenkonstellationen und Astronauten auf einen Bedeutungsüberschuss jenseits des bloßen technischen Nutzens, doch diese Zeiten sind vorbei. Die einzige staatliche Botschaft ist der »Beijing Spirit«, der in der gesamten Stadt propagiert wird und der aus der rätselhaften, nicht weiter erläuterten Begriffszusammenstellung »Patriotismus, Innovation, Inklusion, Tugend« besteht. Aber auch solche Mitteilungen werden mittlerweile bloß auf Leuchtflächen verbreitet, die genauso für ein neues Männerduftwasser werben.

Der Pekinger Autor Han Song, der in seinem Brotberuf bei der staatlichen Nachrichtenagentur Xinhua arbeitet, hat einen antiutopischen Roman geschrieben, in dessen Mittelpunkt die U-Bahn steht. Er beschreibt sie als den engen

Raum, der für ihre Passagiere der Kampfplatz für ein besseres Leben ist.»Sie rennen alle, aber sie scheitern«, schreibt Han Song. Obwohl sie zu den wenigen gehören, die im öffentlichen Raum der Stadt sichtbar sind, stehen sie für Han an deren Rand. Im Zentrum sind die, die in ihren Autos mit verdunkelten Scheiben durch die Stadt fahren. Mit der U-Bahn fährt, wer noch kein Auto hat. Tatsächlich sieht man hier kaum einen Fahrgast über dreißig. Von Zeit zu Zeit kündigt laut und lauter werdende Rockmusik einen Bettler ohne Beine an, dem das Unglaubliche gelingt, sich auf einer fahrbaren Palette einen Weg durch die dicht beieinanderstehende Menge zu bahnen. Er trägt eine bunte Mütze aus der Qing-Dynastie, wie sie in der Verbotenen Stadt an Touristen verkauft wird. Nur wenige Passagiere geben Geld.

Noch mehrere Stationen lang fährt die U-Bahn über der Erde, und hinter den Fenstern ziehen die Hochhausblöcke immer neuer Satellitenstädte vorbei. Sie bilden kein zusammenhängendes Stadtkontinuum, sondern stehen inmitten leergelassener Brachen, vielspuriger Schnellstraßen und massiger Shoppingmalls etwas verloren da. An einigen Stellen fährt die Bahn so dicht an den Türmen vorbei, dass man die zum Trocknen aufgehängte Wäsche in den Wintergärten sehen kann. Doch meistens sieht man nur die Skyline aus der Ferne, und man bekommt nichts von dem geradezu dörflichen Leben mit, das sich zwischen diesen Türmen abspielt, vom Gewusel aus kleinen Lokalen, Läden und Plätzen, auf denen dreißig, vierzig Frauen morgens in der Früh zu Discomusik aus dem Gettoblaster tanzen.

Die Fahrtzeit von Tiantongyuan Nord bis zur Station Guomao inklusive Umsteigen zur Linie 10 in Huixinxijie Nankou beträgt 45 Minuten. Guomao, benannt nach dem dortigen Welthandelszentrum im Central Business District, befindet sich östlich der alten Stadtmauern, doch für das heutige Peking ist es ein Hauptknotenpunkt. Der Dritte Ring trifft hier auf die Verlängerung des Chang'an-Boulevards, der die Stadtmitte und den Platz des Himmlischen Friedens von Westen nach Osten durchschneidet. Über Tage bezeichnet Guomao eine wenig definierte Konglomeration von Shoppingmalls und Bürohochhäusern; auch die von Rem Koolhaas entworfene Zentrale des Fernsehsenders CCTV ist nicht weit. Doch im Untergrund bildet sich in den Strömen, die sich da von Norden, Süden, Osten, Westen kommend in einer ebenso energischen wie flexibel-geduldigen Bewegung aneinander vorbeischieben, die Struktur der gesamten Stadt ab. Nur jene marginalisierten Wesen, die die U-Bahn benutzen, können Peking an sich erfahren.

3. Beidaihe
oder: Das Recht auf Urlaub

Hinaus in die Sommerfrische, nach Beidaihe, 300 Kilometer östlich von Peking. Der Zug nach Qinhuangdao, Nummer Y 509, verlässt morgens um 7.50 Uhr den alten Pekinger Hauptbahnhof, und er ist zum Bersten voll. Ein guter Teil der Fahrgäste hat keinen der vorzubestellenden Sitzplätze mehr bekommen und steht die drei Stunden Fahrtzeit im Gang. Das tut der aufgekratzt-geselligen Stimmung aber keinen Abbruch. Man isst, plaudert oder spielt Karten in einem fort; so einsamen Beschäftigungen wie Lesen gibt sich hier keiner hin. Die Klimaanlage funktioniert bestens, bald werden Jacken und Pullover aus den Taschen gekramt. Der vorherrschende Typus sind Doppelverdienerpaare um die dreißig, aber auch unübersichtlichere Konstellationen sind zu finden. Auf der anderen Seite des Gangs legen gleich zwei junge Frauen mit gefärbten Haaren einem stämmigen Mann ihre Füße in den Schoß. Man ist toleranter geworden, was das Privatleben angeht.

Fast alle Fahrgäste steigen im gigantischen neuen, strahlend weiß gehaltenen Bahnhof von Beidaihe aus, ein langer, unabsehbarer Strom von Menschen zieht zum Ausgang und verläuft sich dann in verblüffender Geschwindigkeit in Bussen und Taxis. Der Himmel ist eindeutig blauer als in Peking, es zeichnen sich sogar die scharfen Umrisse von Wolken ab, was im milchigen Dunst der Hauptstadt nur selten vorkommt. Wir beziehen das »Pekinger Arbeiter-Hotel« (Jinggong), eine inmitten von Grünflächen gelegene Anlage niedriger Gebäude, in der römische Elemente (Säulen unter Architrav) mit stalinistischen (Eingangshalle) und kalifornischen (Landhäuser) eine zwanglose Verbindung eingehen. Ein Schild weist das Hotel als »she wai bin guan« aus, als eine sich ins Äußere einmischende Einrichtung also. Mit anderen Worten: Hier dürfen nicht bloß Pekinger Arbeiter wohnen, sondern auch chinesische Staatsbürger mit ganz anderen Berufen und sogar Ausländer. Die Beschriftung erfolgt daher nicht bloß in chinesischen Zeichen, sondern auch in lateinischen und kyrillischen Lettern.

Die Ferienheime und Sanatorien der großen Arbeitseinheiten bilden das Rückgrat von Beidaihe. Nachdem Ende des neunzehnten Jahrhunderts europäische Diplomaten und Geschäftsleute den Ort, der sie offenbar an heimische Küsten erinnerte, für ihre Bungalows und Villen entdeckt hatten, wurde das Städtchen nach der Gründung der Volksrepublik zur Sommerfrische der kommunistischen Nomenklatura. Der schwimmbegeisterte Mao Tse-tung begann hier im Kreise der Familie die heißen Monate zu verbringen, andere Funktionäre taten es ihm nach, und so entwickelte sich Beidaihe allmählich zu einer Stätte der informellen Absprachen und Konferenzen, einem Ort, an dem im Schatten der Pinienhaine große Politik gemacht wurde. Den Parteispitzen folgten die mittleren Ebenen; die Arbeitseinheiten, in denen das ganze Land organisiert war, konnten hier, ähnlich wie in den Ostseebädern der DDR, ihre verdientesten Mitglieder in die Erholung schicken.

Inzwischen haben die »Einheiten« im Zeichen des Marktes

ihre das Leben und die Wirtschaft strukturierende Bedeutung längst verloren. Aber das Sanatorium der Behörde für Baumaterial steht immer noch, desgleichen das Hotel für die Volkspolizei, das Kaderkurhaus der Provinz Heilongjiang und das Hotel für das Erdölwesen Chinas. Viele der Einrichtungen haben unterdessen ihren exklusiven Charakter verloren; sie sind, wie die Plakate vor dem Eingang verkünden, »nach außen geöffnet«, suchen also auch nach zahlungskräftigen Gästen jenseits ihrer angestammten Klientel. So weit geöffnet, dass sie Ausländer aufnehmen dürften, sind die meisten allerdings auch wieder nicht. Das Gleiche gilt für die Ferienwohnungen, die von Privatleuten günstig vermietet werden; einmal, erzählt uns der freundliche Anbieter, der mit den Fotos seiner Wohnungen an einer Kreuzung steht, habe er doch eine Ausländerin übernachten lassen, aber das war eine Koreanerin, und ihr hätte man es eben nicht gleich angesehen.

So ist Beidaihe für den Entstehungsprozess der chinesischen Leisure Class ein exemplarischer Ort: Sozialistische Sommerfrische und kapitalistischer Massentourismus gehen da mit ihren zahlreichen Abstufungen von Öffnung und Verschließung ineinander über. Erst 1999 hat die Regierung drei staatliche Feiertage – das chinesische Neujahr, den 1. Mai und den Nationalfeiertag – zu »Goldenen Wochen« ausgeweitet und ihre Bürger damit zum ersten Mal in der Geschichte Chinas mit einem »Recht auf Urlaub« konfrontiert. Eine historische Entwicklung, die in Europa mehr als hundert Jahre brauchte, ist damit auf wenige Jahre zusammengedrängt: der Weg von der adligen und großbürgerlichen Muße, die sich in Sommersitzen auf dem Land erging, hin zum Konzept einer garantiert lohnarbeitsfreien Zeit als Ausgleich zum industrialisierten Leben.

Auch in China wurde der Urlaub erst zur zwingenden Idee, als der Konkurrenzkampf des Marktes härter wurde und seine Teilnehmer zusehends vereinzelte. Wenn Arbeit die Sphäre der »Entfremdung« ist, soll Urlaub die Phase sein, in der man »zu sich selbst« kommt. Eine solche Strukturierung der Zeit schlägt bekanntlich zwei Fliegen mit einer Klappe: Sie erhöht die Produktivität und steigert den Konsum. Aber wie kommt man »zu sich selbst«? Das Urlaubsproblem ist überall auf der Welt eine offene Frage, und wie viel mehr in einer Gegend, die gewissermaßen über Nacht von ihm überrascht wurde. Zwar laufen auch hier Mädchen mit einem T-Shirt herum, auf dem »Personal Life Style« steht. Aber die kulturellen Muster sind noch rar gesät, die einem sagen, was das heißen könnte.

In Beidaihe findet man sie am ehesten in dem kleinen Strandabschnitt, der für echte Fischerboote abgesperrt ist. Fischer sitzen da unter Pepsi-Sonnenschirmen und sortieren ihre Fänge aus. Hier fügt es sich, dass einige Felsbrocken aus dem Meer herausragen, und diese Konstellation genügt, dass gleich vier Hochzeitspaare – die Frauen in langen weißen Gewändern – Schlange stehen, um sich fotografieren zu lassen. Die Fischer, die Boote, das Meer und der Felsen setzen sich in Verbindung mit dem im Wind wehenden Schleier zu einem Bild zusammen, das als individuell und romantisch allgemein anerkannt ist. Die Paare werden von professionellen Hochzeitsfoto-Teams betreut; während die einen am Felsen posieren, werden in einem Pavillon etwas oberhalb der Bucht schon die nächsten Bräute geschminkt. Das Geschäft scheint zu funktionieren.

Das Angebot, einmal im Leben ein Model, also bedeutend zu sein, ist das gleiche Individualisierungsversprechen, von dem auch der Urlaub als Ganzer zehrt. Aber die anderen Fotografen, die am Strand alle paar hundert Meter mit ihren großen Tafeln sorgfältig inszenierter Bilder ihre Dienste anbieten, haben nicht viel zu tun. Beidaihe ist vielleicht zu ehrlich, um sich Projektionen irgendwelcher Art anzudienen. Der Sandstrand ist zehn Kilometer lang, hundert Meter breit und hat nicht das geringste Fleckchen Schatten. Im Hinterland erhebt sich ein kleiner Hügel, aber sonst stellen sich dem Anblick der weit geschwungenen Buchten keinerlei Hindernisse entgegen. In der Ferne sieht man ein paar Hochhäuser. Der Strand ist, wenn es warm genug ist, gut gefüllt; die meisten haben für einen Sonnenschirm gezahlt, aber viele sind nach westlicher Art auch dazu übergegangen, sich in voller Länge der Sonne auszusetzen. Die Vergnügungen hier sind bescheidener Art: Schlauchboot umkippen, in schwarzen Schwimmreifen plantschen, sich gegenseitig nassspritzen, in Sand einbuddeln, Kind fotografieren. Wenige schlafen, niemand liest, alle sind auf irgendeine Weise beschäftigt, meistens mit der Familie.

Jenseits von Meer, Badeartikel-Shops und Fischlokalen gibt Beidaihe der Urlauberphantasie kein Futter. Noch nicht mal der sonst übliche Konfuzius-Laden hat hier geöffnet: keine Tempel, keine Buddhismus-Show, nur eine mittlerweile stark reduzierte kommunistische Folklore mit einem alten Lu-Xun-Park und einem nagelneuen »Kulturhaus für das arbeitende Volk« mit einer Kalligraphie des revolutionären Generals Zhu De an der trutzigen Vorderfront. Immerhin werden immer irgendwo irgendwelche Führer willkommen geheißen. »Die Führer der Landwirtschaftshochschule von Hebei sind da! Herzlich willkommen!«, heißt es dann etwa auf einem roten Transparent, das an einer Hotelfassade hängt. Beidaihe weiß noch mit Autoritäten umzugehen. Polizeiwagen rauschen häufig mit markerschütternden Sirenentönen durch die Straßen, gefolgt von den klassischen schwarzen Limousinen mit abgedunkelten Scheiben. Andere Inszenierungsversuche wurden offenbar abgebrochen. Ein Gelände für Filmkulissen ist ziemlich heruntergekommen; in dem Gebäude werden heute Möbel und Autoreifen verkauft. Auch das Touristen-Informationszentrum ist verlassen.

Was das Kulinarische betrifft, empfehlen kundige Taxifahrer nicht die Etablissements am Strand, die nur in der Saison geöffnet haben, sondern die Lokale im Zentrum, die auch von den Einheimischen aufgesucht werden. So sind wir auf das Gasthaus mit dem unscheinbaren Namen »Da Hai Fandian« (Meerrestaurant) aufmerksam geworden. Wie beliebt es ist, merkten wir gleich, als wir mittags um halb eins eintraten: Da waren schon fast alle Tische und der Boden mit Gräten, Schalen und Knochen übersät, während die offensichtlich zufriedenen Esser das Feld wieder verlassen hatten.

Auch das Personal war anscheinend so erschöpft, dass es die Bestellung nur noch eislutschenderweise entgegennehmen konnte. Leider waren die größten Köstlichkeiten zu diesem Zeitpunkt dann schon nicht mehr vorrätig. Kurz: Es empfiehlt sich dringend, in Beidaihe spätestens um elf zum Mittagessen zu erscheinen.

Wenn nun ein falscher Eindruck entstanden sein sollte: Beidaihe ist überaus beliebt. Anscheinend schätzt das Publikum gerade das Unaufdringliche dieses Orts, der niemanden mit Kultur, Etikette oder anderen ungewohnten Ansprüchen behelligt, die den Aufenthalt an vielen der erst neuerdings in Mode gekommenen Ziele so anstrengend machen. Gleichwohl lässt sich, aufs Ganze gesehen, nicht verhehlen, dass der Unmut über das Konzept »Urlaub« im Lande wächst.

Kürzlich tauchte im chinesischen Internet sogar das Manifest eines radikalen Ferienverweigerers auf. Beredt schildert er Verlockung und Enttäuschung des Urlaubsprojekts: »Wieder macht uns eine Goldene Woche schöne Augen, und alle Welt liegt uns in den Ohren, wohin wir denn diesmal fahren. Das Gras juckt, und die Herzen werden unruhig.« Er gibt zu, dass auch er sich früher von den wogenden Massen in Bahnhöfen und Flughäfen mitreißen ließ, um sich am Ende dann wieder völlig erschöpft zur Arbeit zu schleppen. »Allmählich aber habe ich in den Goldenen Wochen zuerst die Orientierung und dann mich selbst verloren, und jetzt weiß ich nicht mehr, was ich machen soll, wenn ich auf den Kalender schaue.« Seither vernichte er die sieben freien Tage: Er verlässt nicht mehr das Bett, verbringt die Zeit mit Fernsehshows und Computerspielen und hat ein schlechtes Gewissen. Denn: »Ich tue überhaupt nichts fürs Bruttoinlandsprodukt.« Noch ist der chinesische Weg zum Urlaub von Selbstzweifeln begleitet.

4. Huang Nubo
oder: Der Weltkulturreisende

Bevor der chinesische Milliardär Huang Nubo zu seiner Weltreise aufbricht, sitzt er im sechzehnten Stock seines Zhongkun-Konzerns in Peking, am Kopfende eines langen Sitzungstischs mit nur mühsam gebändigter Energie. Der 1,93 Meter große, muskulöse Mann trägt Turnschuhe und ein schwarzes T-Shirt mit der Aufschrift »WildAid«. 57 Jahre ist er alt, als wir uns treffen, aber sein breites Gesicht wirkt manchmal fast kindlich.

Während des Gesprächs reichen ihm seine aus dem Nebenraum herbeieilenden Assistentinnen fortlaufend Vorlagen, die er rasch und leichthin scherzend unterschreibt; es muss die Frage geklärt werden, wie er noch eben an einen Internationalen Führerschein für die Reise kommen kann. Er sagt, er habe keine Lust, immer im Büro zu sitzen, deshalb sei er auch Bergsteiger; auf der Internetseite der Firma werden regelmäßig die Achttausender vermeldet, die der Vorstandsvorsitzende gerade wieder bestiegen hat.

Mit Unterbrechungen soll die Weltreise insgesamt zehn Jahre dauern; in ihrer fortlaufenden Dokumentierung soll sie den Stand der Globalisierung spiegeln, und zwar nicht wie üblich mithilfe der Stäbe und Kategorien professioneller Dialog- und Kulturinstitutionen, sondern einzig und allein in der Wahrnehmung dieses einen Mannes, der vor allem auf die »Freundlichkeit« der ihm begegnenden Leute achten will. 160 Länder will der Unternehmer entlang den von der UNESCO als Weltkulturerbe definierten Stätten besuchen.

Für Huang ist es ein langgehegter Traum, die ganze Welt zu sehen; das habe noch nie jemand zuvor gemacht, sagt er in einem Ton, der von seinem auch an den Bergbesteigungen sichtbaren sportlichen Ehrgeiz kündet. Noch bevor er auf den universalkulturellen Nutzen der Sache (»Faces of Humanity« nennt sich das Projekt) zu sprechen kommt, betont er sein persönliches Vergnügen daran: Er habe damit eine gute Weise gefunden, sich selbst zu belohnen, das eigene Geld auszugeben; andernfalls würden die für die Reisen veranschlagten 100 Millionen Yuan (etwa 12 Millionen Euro) gespendet oder in die Erbmasse fließen. Nach zwanzig Tagen Reisen sollen jeweils zehn Tage im Büro folgen. Und immer wenn das Gespräch über Globalisierung später etwas zu ernst zu werden droht, sagt er:»Aber das Ganze ist auch eine lustige Sache.«

Der freimütig herausgestellte Genussfaktor ist ein wesentliches Merkmal des Projekts. Huang will nicht reisen wie ein Kulturbürokrat, der seine Beobachtungen mit den in seinem Milieu akzeptierten Abstraktionen abgleichen muss, sondern wie ein Mensch, der es sich leisten kann, seine sozialen Rollen abzustreifen und sich ganz einer Situation zu überlassen. Um beweglich zu bleiben, habe er es abgelehnt, sagt er, mit einem großen Team und allen möglichen Experten und Sponsoren zu reisen: Wenn ein Flugzeug Verspätung hat oder gar nicht fliegt, könne er sich einfach auf den Boden setzen und ein Bier trinken; diese Art heiteres Akzeptieren des Gegebenen habe er als Bergsteiger gelernt und wolle es nicht verlieren.

Anders als viele andere Großunternehmer ist Huang Nubo nicht wegen irgendwelcher Korruptionsskandale in der chinesischen Öffentlichkeit präsent, sondern wegen seiner mäzenatischen Tätigkeiten und der verblüffenden Bandbreite seiner Interessen. Er ist Mitglied der Kommunistischen Partei und Schüler eines buddhistischen Meisters in Tibet, Vorstandvorsitzender eines auf Immobilien und Tourismus ausgerichteten Konzerns und Lyriker, der unter dem Autorennamen Luo Ying auch einen ins Deutsche übersetzten Gedichtband namens »Kakerlaken-Kunde« veröffentlicht hat. International wurde er durch den gescheiterten Versuch bekannt, ein größeres Stück Land in Island zu erwerben. Man könnte sich an einen Renaissance-Menschen erinnert fühlen, aber das träfe es nicht: Auch wenn er sich gern mit Literaten umgibt, ist er doch alles andere als ein Kulturmensch, der der Welt in einem ästhetischen Rahmen gegenübertritt; eher will Huang Nubo ein Naturbursche sein, der sich immer wieder in Situationen zu bringen versucht, in denen die Welt nackt an ihn herantritt. Als jemand, der den Dschungel der Partei- und Wirtschaftsintrigen in China anscheinend erfolgreich durchschritten hat, dürfte er alles andere als naiv sein. Doch das, was er erreicht hat, seine Stellung und seine Millionen, will er nun dazu nutzen, sich in einen Zustand ursprünglicher Naivität zu versetzen, in dem er die Kräfte der Natur und der Menschen unmittelbar an sich erfahren kann.

So möchte er an den verschiedenen Stationen seiner Reise mit den verschiedensten Leuten reden, in Deutschland zum Beispiel mit Bibliothekaren, Taxifahrern, Theologen, Prostituierten und William Forsythe. Er wird dann von seinem eigenen Leben erzählen, von seiner Kindheit während der Kulturrevolution, als sich sein als Konterrevolutionär gebrandmarkter Vater umbrachte, ebenso wie von seinem wirtschaftlichen Aufstieg, und will nach dem Leben der anderen und ihren Erwartungen fragen. Die von einer Assistentin vorbereiteten und übersetzten Gespräche sollen ebenso wie Huangs Erfahrungen mit Hotels, Restaurants, Weinen und Weltkulturstätten jeden Monat im Internet dokumentiert werden. Ein Student der Pekinger Filmakademie wird Huang begleiten und die Reise filmen. In sechs Sprachen stellt Huang seine eigenen Kommentare und Überlegungen dazu. Leitfrage ist dabei, wie »freundlich« die einzelnen Orte und Menschen dem Fremden begegnen. Mit dieser unscheinbaren Kategorie will Huang erkunden, wie die Länder mit der Globalisierung klarkommen. »Was machen die Menschen mit ihrer Seele? Finden sie einen Platz für das Herz?« Die Weltkulturstätten will Huang zum Anlass nehmen, die Geschichte der von ihm besuchten Nationen näher kennenzulernen und in der direkten Konfrontation mit ihnen über die Zeitläufte nachzusinnen.

China, meint Huang, sei die Moderne zunächst aufgezwungen worden; es habe eine zu kurze Aufklärungszeit hinter sich, als dass sich universelle Ideen voll hätten durchsetzen können. Aber da es von der Globalisierung besonders stark profitiere, habe es auch eine Verantwortung zu prüfen, was die Globalisierung mit der übrigen Welt anstelle.

5. Peking
oder: Die Schönheit liegt im Detail

Peking, das ist das langgezogene kehlige Rufen eines Mannes, der mit seinem Fahrradkarren durch die Nachbarschaft zieht und Müll sammelt. Und auch der markerschütternde, sich mehrfach überschlagende Schrei, mit dem vor unserer Siedlung ein Scherenschleifer nach Art der singenden Bauern der Provinz Shaanxi seine Dienste anbietet. Der Schrei hat ohne Zweifel eine Funktion, aber aus seiner Energie ist auch eine beträchtliche Freude herauszuhören.

Die Pekinger Geräusche sind weniger exotisch als ein Zeichen davon, wie unterschiedliche Zeiten und Schichten in dieser Stadt zugleich gegenwärtig sind, und zwar so, als wäre dies ganz selbstverständlich. Mitten zwischen den Schnellstraßen und den futuristisch anmutenden Türmen gehen die Scherenschleifer und Müllsammler ihrer Arbeit nach, wie sie es auch unter Mao und in der Kaiserzeit getan haben, als von der »sozialistischen Marktwirtschaft« noch keine Rede war. Manchmal kommt in einer Gasse ein Ackergaul um die Ecke, der auf einem Karren Obst und Gemüse aus irgendeinem Dorf an der Peripherie transportiert; für einen Fremden könnte der Effekt kaum größer sein, als wenn plötzlich die Kamele vor ihm erschienen, die Anfang des letzten Jahrhunderts um die Stadtmauer zogen. Für Pekinger dagegen, die noch die homogene Gesellschaft vor Augen haben, der all diese Disparitäten vor noch nicht allzu langer Zeit entsprungen sind, ist dieses Nebeneinander die normalste Sache von der Welt. Verblüffter reagieren sie bisweilen auf das Auftauchen eines Ausländers. Das passiert in unserer Siedlung allerdings nur selten.

Sie ist ein Ort der berühmten chinesischen Mittelschicht, deren Aufstieg so viel von sich reden macht. Von dieser Mittelschicht selbst sieht man im öffentlichen Raum nicht so viel: Sie fährt morgens mit dem Fahrstuhl in die Tiefgarage und abends von dort wieder nach oben in die Wohnung; am Wochenende nicht mit der Aktentasche, sondern mit Golf- oder Tennisschläger unter dem Arm. Abends streift der eine oder andere, angelegentlich in ein Handy sprechend, einsam durch die Grünanlagen. Den Tag über bevölkern den Spielplatz mit gymnastischen Geräten nur die Einzelkinder und Großeltern der Siedlung, die zusammen mit den Protagonisten der Mittelschicht eine Wohnung mit der klassischen Raumordnung zwei Schlafzimmer, ein Wohnzimmer, ein Kinderzimmer bewohnen. Die Siedlung ist von einem etwa zwei Meter hohen Gitter umgeben. Die Eingänge werden von zuvorkommenden Pförtnern bewacht, die immer, wenn der Ausländer vorbeikommt, strahlend »Ni hao« sagen, guten Tag.

Peking als Ganzes ist das Gegenteil aller Vorstellungen, die man im Westen von Stadtgefühl und »Urbanität« entwickelt hat. Die ursprünglichen Stadtzusammenhänge sind in mehreren politischen und wirtschaftlichen Schüben zerrissen worden, am einschneidendsten nach der Gründung der Volksrepublik und durch den Umbau der Innenstadt in eine sozialistische Repräsentationsstadt mit gewaltigen Plätzen, dann durch den Investitionsfuror im Bauwesen seit Beginn der marktwirtschaftlichen Reformen. Heute ließen sich die Risse, die dadurch entstanden sind, nicht mehr ohne weiteres kitten. Allein der täglich wachsende Autoverkehr und die Ansprüche immer weiterer Bevölkerungsschichten auf mehr Platz und Hygiene machen es unmöglich, zu den alten Hutong-Strukturen, die den westlichen Touristen so teuer sind, flächendeckend zurückzukehren. Die traditionellen Hofhäuser entwickeln sich deshalb immer mehr zu einem Luxus der Reichen oder zu einer Kuriosität in ausgewählten Fremdenverkehrszonen.

So sind die ersten Eindrücke in Peking nicht gerade sympathisch: die Wohntürme, die ohne erkennbare Ordnung beieinanderstehen, die riesigen, immer vollen Ringstraßen ohne besondere Merkmale, die schlechte Luft, die schon grotesken Architekturnachahmungen, die wenigen Plätze und Straßen, über die man einfach so flanieren kann. Doch diese Ansammlung von Schrecklichkeiten trifft das Lebensgefühl der Stadt kein bisschen. Warum?

Wahrscheinlich weil sich Peking vor allem an den beiden Polen zu erkennen gibt, die dem fremden Blick zunächst nicht ins Auge fallen: im Detail (der Nachbarschaften) und im Ganzen (der Repräsentation Chinas), in den Gerüchen, Gesten und Geräuschen des Quartiers (und sei es einer Hochhaussiedlung) und in all dem, was »China« kulturell, historisch und geopolitisch bedeutet. Peking ist nicht wie die europäischen Städte um einen öffentlichen Raum herum organisch gewachsen. Es verstreut sich in die geschlossenen Räume der bewachten Siedlungen und Betriebe, während es im Großen ein Abbild der Idee »China« sein will. Von den Repräsentationen, die sich einem in Peking durch die Regierungsgebäude und die besondere Dichte an Staatsdienern überall mitteilen, ist oft die Rede. Weniger Aufmerksamkeit erregen die Details, die Geräusche etwa.

Am Montagmorgen ertönt gegen halb zehn von der Schule nebenan ein Krächzen aus dem Lautsprecher, dann beschallt die Straßen ringsum mit voller Kraft die Nationalhymne, mit der die Schüler die Woche beginnen. An besonderen Tagen wie dem Lehrertag oder dem Kindertag folgen noch andere populäre oder revolutionäre Lieder vom Band, dann hört man eine kräftige Lehrerstimme »yi, er, san« (eins, zwei, drei) rufen, die Kinder antworten im Chor, und das Gymnastikprogramm beginnt. Etwas später nähert sich ein anderer, kräftig anschwellender Chor.

Ein Trupp von vielleicht zwanzig jungen rotuniformierten Männern und Frauen biegt um die Ecke. Sie laufen geordnet zu zweit nebeneinanderher und rufen rhythmisch: eins, zwei, drei, vier. Sie postieren sich auf dem Bürgersteig direkt vor unserer Siedlung und zählen durch. Abwechselnd klatschen sie in die Hände und schmettern aus Leibeskräften mehrere Losungen. Was wie ein militärisches Ritual aussieht, ist eine Motivationsübung von Restaurantangestellten. Wer außerhalb der Hauptessenszeiten durch Peking läuft, sieht vor jedem Lokal solche Paraden, die alle ihr spezielles Programm haben und trotz der offenkundig angestrebten kollektiven Ordnung von den Kellnern und Köchen, die da aufmarschieren, eher wie ein Spiel genommen werden. Auch das Sicherheits- und Servicepersonal der Siedlung, überwiegend junge Männer um die zwanzig, trägt selbstverständlich olivgrüne Uniformen, die es manchmal sogar gegen Kampfanzüge in fleckigen Tarnfarben wechselt; wenn sie sich zu mehreren zwischen den Hochhäusern bewegen, marschieren sie in Reih und Glied, geordnet allerdings trotzdem nicht.

Gegenüber der Schule steht ein uralter Lastwagen, über und über mit Kartons und Papier beladen. Es ist der größte Müllsammler der Gegend, man kann seine Papierabfälle zu ihm bringen, sie wiegen lassen und ein paar Mao (Cent) dafür bekommen. Es scheint ein Geschäft zu sein, an dem viele beteiligt sind. Zwei Männer hocken konzentriert vor einem Brett mit den flachen chinesischen Schachfiguren, ein weiterer sonnt sich in einem ausrangierten, etwas windschiefen Sessel. Aber wenn Kunden kommen, sind sie alle blitzschnell zur Stelle.

An der Ecke bietet ein weiteres mobiles Unternehmen seine Dienste an. Dort sitzt mit seinem Handwerkskasten ein junger Schuster, der in seinem elegant geschnittenen Hemd so aussieht wie einer der melancholischen Helden in den Hongkonger Polizeifilmen. Mit großer Kunstfertigkeit bearbeitet er die Schuhe, die man ihm bringt, während die Kunden auf einem kleinen Hocker sitzen und warten. An dieser Ecke beginnen zwei Straßen voller Lokale, Hotels, Apotheken, Gemüseläden, Reisebüros, Schreibwarengeschäfte und Massagesalons. Das größte ist ein Tabakgeschäft, ein riesiges, schwach beleuchtetes Gelass mit vier oder fünf uniformierten Frauen hinter den Theken, in dem man selten einmal einen Kunden sieht. Öfter treten die Verkäuferinnen heraus und spielen auf dem Bürgersteig miteinander Federball. Der Zeitungsverkäufer, der seine Zeitungen und Zeitschriften auf einem Brett am Straßenrand ausgebreitet hat, hat ein mächtiges Stimmorgan, wenn er seine Ware über die ganze Kreuzung hinweg anpreist. Auf einem kleinen Hocker sitzt ein Mann, der immer aufspringt, wenn ein Auto parken will; mit etwas hektischen Gesten und Rufen weist er dann ein und kassiert das Parkgeld. Aus dem Friseurladen, der von extrem avantgardistischen jungen Leuten betrieben wird, dringt schrille Popmusik auf die Straße.

Für ein Land, dessen historische, politische und kulturelle Parameter sich mit so großer Geschwindigkeit ändern, ist ganz schön viel Ruhe und Überschaubarkeit in diesem Quartier. Aber vielleicht ist das ja meistens so, wenn man die großen Bewegungen in ihre Einzelteile zerlegt.

6. Europa
oder: Eine Wohnanlage im klassischen Stil

Wir befinden uns südöstlich vom Central Business District Pekings, in einer etwas verlorenen Gegend, in der Wohnverschläge, Hotels und ein Frauenkrankenhaus vereinzelt und ohne erkennbare Beziehung beieinanderstehen. Früher soll es hier Chemie- und Papierfabriken gegeben haben, doch das ist lange her, und nun wartet das Viertel verzweifelt auf »Aufwertung«.

Die vierspurige Straße wird in der Mitte gerade aufgerissen und neu geteert. Und in dieser Wüste erscheint auf einmal so etwas wie eine Fata Morgana: Acht goldglänzende Pferde mit einem Horn auf der Stirn und zornig aufgeblähten Nüstern stürmen über einen ausgetrockneten Springbrunnen hinweg, gerade noch gezügelt von einem geflügelten römischen Wagenlenker. Hinter ihnen öffnet sich ein klassizistischer Platz mit Kandelabern, Rundbögen und Säulen. Zwischen zwei wilhelminisch anmutenden Figuren, die müde auf hohen Sockeln ruhen, steht in chinesischen Schriftzeichen: »Pekings königliche Landschaft luxuriöses Palasthotel«.

Das Hotel ist nur der Anfang, dahinter beginnt eine ganze Stadt in der Stadt mit »rein klassisch europäischem Leben«, wie es auf einer Website für Kaufinteressenten heißt. Es handelt sich um einen jener »Compounds«, jener eingehegten und bewachten Siedlungen, in denen heute die Wohlhabenderen in Peking wohnen, wie in früheren Zeiten schon die weniger Wohlhabenden, die in einer »Einheit« gemeinsam lebten und arbeiteten. Dieser Compound heißt »Regal Court« und dehnt sich seit 2003 immer weiter in die umgebenden Brachlandschaften aus, wo immer neue ummauerte Ableger entstehen.

Der Königliche Hof bietet eine bemerkenswert große Anzahl von Putten, Skulpturen mit Barock- oder Renaissance-

Anmutung, Marmorreliefs, Springbrunnen und Säulen. Seine Substanz bildet allerdings ein 25-stöckiger zusammenhängender Hochhauskomplex, der ihn auf allen Seiten begrenzt. Die Hochhäuser sind in ihrer zwanzigstöckigen Mitte so modern wie andere Pekinger Hochhäuser auch; nur oben und unten rahmen den Bau jeweils drei Stockwerke Klassizismus mit Bögen, Türmchen und Säulchen ein: eine Zusammenstellung, die dem an Kategorien wie Authentizität und Geschlossenheit, Postmoderne hin oder her, immer noch gewöhnten Westler den Atem nimmt. Dagegen ist der Eklektizismus des neunzehnten Jahrhunderts ein Muster an Konsequenz.

Die Wahrheit ist, dass ganz Peking seit Jahren voll von griechischen Säulen, römischen Bögen und Skulpturen ist, die mal antiken Vorbildern nachgebildet, mal reine Phantasiegebilde sind. Der »Regal Court« ist nur die Spitze des Eisbergs. Bisweilen hat man den Eindruck, dass es die Zahl dieser europäischen Versatzstücke durchaus mit jener der traditionell chinesischen Zitate mit Drachen, Lampions und geschwungenen Dächern aufnehmen kann. Man findet die Portikus-Vorbauten an Banken und Restaurants ebenso wie an Möbelgeschäften, Karaoke-Zentren und Massagesalons. Meistens sind sie nur äußerlich an glatte, schon leicht vergilbte Fliesenflächen appliziert.

Es stellt sich die Frage: Warum? Warum greift eine Stadt wie Peking zu Formen, die weder mit ihrer kulturellen Vergangenheit noch mit ihren gegenwärtigen Funktionen etwas zu tun haben? Es bedeutet in China ja offensichtlich etwas anderes als in Europa, wenn antike oder barocke Stile zitiert werden.

In einer programmatischen Erklärung des Bauherrn des »Regal Court«, einer Aktiengesellschaft aus Hongkong, heißt es: »Mit klassischen Bauten, welche Gemütszustände wie in der Renaissance hervorrufen, mit erlesenen Genüssen für die oberen Schichten und ewiger Kunst, mit einer rein europäischen Architektursprache und verschwenderisch viel Platz wird für erfolgreiche Menschen eine Lebenslegende geschaffen, die Zeit und Raum überspringt. Der europäische klassische Stil, den alle Welt bewundert, wird nach Peking versetzt.« »Europa« erscheint hier als Distinktionsmerkmal von Besserverdienenden, die es inmitten der frappierenden Beschleunigung der chinesischen Gegenwart nach etwas Zeitentrücktem verlangt. Europa steht für Dauerhaftigkeit, Klassik, Vornehmheit und bezeichnet damit ziemlich genau die noch zu füllenden Leerstellen im rasenden Fortschritt des Landes.

Das Europa-Zitat hat in Peking eine lange Geschichte. Schon der Qing-Kaiser Kangxi baute im achtzehnten Jahrhundert eine Rokoko-Schlossanlage in den Yuanmingyuan-Park. Die Episode hatte ein traurig-groteskes Ende. Im Zweiten Opiumkrieg zerstörten britische und französische Truppen 1860 dieses »Versailles des Ostens« und hoben damit selbst die kulturelle Anlehnung Chinas an den Alten Kontinent auf.

Die »Verwestlichung« der chinesischen Städte, die dann im folgenden Jahrhundert in der Volksrepublik stattfand, stand unter anderen Vorzeichen. Im Interesse eines zuerst sowjetisch und dann amerikanisch definierten Fortschritts wurde die alte Stadtstruktur weiträumig zerschlagen. Es wurde Platz geschaffen zuerst für Repräsentation und Fabriken, später für die Büros und Wohnungen von Millionen neu Zugezogenen. Sowohl die Sowjetunion als auch später Amerika standen für einen Westen, der durch ein Zukunftsversprechen definiert war, das Erreichen eines vor allem materiell definierten Weltniveaus. Die dahinterstehende Idee des Ausgreifens und Welteroberns schien sich mit dem chinesischen Fundament umstandslos verbinden zu lassen. Mit »Europa« verhält es sich nun umgekehrt. Nicht der materielle Aufstieg, sondern die höheren Sphären des Lebens, nicht eine Zukunftsprojektion, sondern eine Traditionserfindung sind damit angesprochen. »Europa« ist ein Luxusartikel für die Zeit, in der man aus dem Gröbsten raus ist.

Irgendwelche Skrupel in puncto Stiltreue scheint es dabei nicht zu geben. Alles ist in seiner geschichtlichen Begrenztheit ebenso gut neu zu erfinden, wie es zerstört werden kann; die Vorstellung von etwas organisch Gewachsenem wirkt in dieser Umgebung ganz unplausibel. So können sich im »Regal Court« Apoll und Daphne küssen, als wären sie von Bernini, und ein Merkur wie der von Giambologna in Florenz reckt im Laufschritt einen Finger gen Himmel. Besonders liebevoll werden die zahlreichen Wasserspiele mit Figuren und Allegorien bedacht.

An einem runden Brunnen unter einem Lorbeerdach versammeln sich gleich acht Schwäne und drei Putten. Auf der Mittelachse, die den Komplex in zwei gleiche Hälften teilt, liegt hingestreckt eine lorbeerumkränzte weibliche Figur in Gold und schaut starr gen Himmel, umgeben von drei Putten, die ihre Ärmchen gleichfalls in die Höhe recken, so als käme von dort oben ein besonderes Entsetzen. Aber das hat nichts weiter zu bedeuten. Die einzelnen Motive sind nur Antiquitätssignale und werden sonst nicht weiter verfolgt oder in einen Zusammenhang gestellt. Auf den Reliefs an den Hauswänden meint man antike Schiffsszenen und dann wieder nicht weiter definierte engelgleiche Wesen mit Lorbeerkränzen zu erkennen, aber sicher ist das nicht; die ursprüngliche Bedeutung der Zitate ist unwichtig geworden, weil ihr Kontext sich verändert hat.

Entscheidend ist, dass die Kulisse stimmt. »Unzählige Gedichte rühmen die herrliche Kulisse in den europäischen Städten«, heißt es auf der Internetseite des Bauherrn. Die Camouflage ist nur ganz punktuell und selektiv. Die Modernität wird nicht verschleiert, sondern drapiert, ergänzt mit bestimmten Signalen, die ihr eine neue Bedeutung geben. Ihre funktionale Nüchternheit wird nicht in falscher Authentizitätsanmaßung zum Verschwinden gebracht, sondern durch etwas ergänzt, dessen Künstlichkeit ganz offensichtlich ist.

Nicht einmal vor der Tiefgarage macht diese Art romantische Ironie halt: Es ist natürlich ein Säulengang, der in sie hinunterführt. Einmal sieht es so aus, als würde die Architektur dieses Spiel mit der Künstlichkeit bewusst aufnehmen. An einigen Hauswänden sind Goldrahmen angebracht, durch die man den nackten Zement und den unverputzten Stein sehen kann, denen auf diese Weise ebenfalls die hier sonst gepflegte Auratisierung zuteilwird. Auf der Seite gegenüber hängen allerdings Van-Gogh-Poster in Goldrahmen, so dass die Pointe wieder ins Ungewisse gezogen wird.

Entworfen wurde die Anlage von der Architekturakademie, die dem Bauministerium angegliedert ist; für die Gartenanlage und Skulpturen zeichnet die Hongkonger Landschaftsarchitektin Shan Xiu-xian verantwortlich. Der Idee nach ist es eine komplette kleine Stadt, mit Geschäften, einer internationalen Schule und einem zweistöckigen Kindergarten namens »Venus« – eine Stadt natürlich, die den Gesetzen ringsum nicht enthoben ist. »Gemeinsam eine harmonische Gesellschaft aufbauen!«, mahnt eine rote Banderole, die zwischen den Putten hängt: »Die Regeln zu Knallern beachten!« Auf vielen Fensterscheiben kleben Telefonnummern von Maklern – offenbar sind die Wohnungen keineswegs ausgebucht. Von den Ladenlokalen im Parterre sind nur die wenigsten vermietet – und von den doch existierenden Geschäften – Waschsalons, Lebensmittelläden, Schuhreparatur und Lederpflege – macht nur der Friseur einen belebten Eindruck. In den Wandelgängen kommt etwas Putz von der Decke. Pekings europäischer Traum hat schon seine ersten Risse.

7. Frühlingsfest
oder: Die größte Massenmobilisierung der Welt

Einmal im Jahr hält China den Atem an und »kehrt heim«. Arglos klingt dieser Ausdruck, den die Leute gebrauchen, wenn sie von »Chunjie« reden, dem Frühlingsfest, mit dem das neue Mondjahr beginnt. Aber unter den Bedingungen der Globalisierung, die sich im Land vor allem als Metropolisierung niederschlägt, bedeutet diese einwöchige »Heimkehr« all der Wanderarbeiter und Angestellten, die in den Großstädten der aufstrebenden Macht ihr Geld verdienen, die größte Massenmobilisierung der Welt, größer als der Pilgerzug nach Mekka. Was geschieht da?

Schon am Morgen des Vortags treffen die ersten Gratulations-SMS ein, für gewöhnlich Sammel-SMS nach vorgegebenem Muster, in denen viel von Familienglück und Langlebigkeit die Rede ist, aber auch sozialistische Textbausteine zu ihrem Recht kommen, nunmehr freilich zu Wünschen einer »großen Entwicklung im neuen Jahr« oder einer »Vollversammlung der Familie« privatisiert.

»Es ist gut heimzukehren«, sagt die Tante befriedigt, als sie hört, dass die Besucher die ganze Woche bleiben werden. Das ist die überlieferte Auffassung, die freilich nicht eigens zur Sprache gebracht werden müsste, wenn sie nicht auch angefochten wäre. Die Parteizeitung *Global Times* macht sich zum aufgeklärten Fürsprecher all der jungen Leute, die es leid sind, bei den Familienzusammenkünften gefragt zu werden, wann sie endlich heiraten. Sie plädiert, schon wegen des Verkehrsengpasses, dafür, die »traditionelle Psychologie« den neuen Gegebenheiten anzupassen und das Neujahrsfest dort zu feiern, wo man gerade lebt. Solch berechnende Ideen sind jedoch alles andere als mehrheitsfähig. 700 Millionen Menschen sind jedes Jahr zur Festzeit unterwegs.

Um acht Uhr abends beginnt die traditionelle fünfstündige Galashow im staatlichen Fernsehen CCTV, die ihre Rituale in den mehr als dreißig Jahren ihres Bestehens nicht wesentlich geändert hat und in der Öffentlichkeit daher kaum mehr Fürsprecher findet. Es kann allerdings mitten unter die gewohnten Kabarettisten, Militärchöre, Popsänger und synthetisierten Kinderstars auch mal eine Frau aus der armen Provinz Hebei platzen, die sonst in einer Pekinger Unterführung singt und sich wunderbar ungelenk niederlässt, um ihr Lied »Sehnsucht nach der Heimat« anzustimmen. Zwischendurch Live-Schaltung in ihr Dorf, wo die Großfamilie, dekorativ hinter einem Tisch angeordnet, ihr zujubelt. Ansonsten starke Zunahme von Zauberern, vor allem aus Taiwan.

Am ersten Tag geht man zur Familie des Mannes, am zweiten Tag zur Familie der Frau, danach zu Schulfreunden, immer aber sitzt man zusammen im Wohnzimmer. Ein Ort ohne expressive Gesten: Das Behagen beruht eher auf der Selbstverständlichkeit, mit der die Verbundenheit noch auf den geringsten Anschein von Förmlichkeit verzichten kann. Der Fernseher läuft. Man geht hin und her, hilft zwischendurch in der Küche, schrubbt den Boden oder legt sich im Nebenzimmer auf ein Nickerchen hin.

Zur Begrüßung prüfende Blicke ins Gesicht: »Deine Haut ist gut!« Der Vetter Mitte zwanzig (dem im Übrigen vorgehalten wird, zu dick zu sein) wird gefragt: »Hast du denn schon eine Freundin?« »Gerade getrennt!«, ruft er triumphierend. Es wird diskutiert, welche Verwandtschaftsbezeichnung der Tochter des dritten Onkels der Mutter väterlicherseits zu dem neugeborenen Familienmitglied zukommt. Das Ergebnis: Yi (unübersetzbar, eine bestimmte Art Tante).

Die Kinder, worunter alle Angehörigen der jüngsten anwesenden Generation zu rechnen sind, bekommen mit einer beiläufigen, raschen Bewegung kleine rote Umschläge zugesteckt, auf denen weißbärtige Langlebige oder auch die Mickymaus abgebildet sein können. Drinnen befindet sich Geld. Auch die Eltern und die Schwiegereltern gilt es finanziell zu unterstützen, ganz zu schweigen von den Auslagen für die Reise, die Festessen und die Geschenke. Eine Zeitung errechnete einen durchschnittlichen Aufwand von 4000 Yuan (gut 500 Euro).

Das Festessen wird meist nicht mehr zu Hause, sondern im Restaurant eingenommen. Oft sitzen die jüngeren Männer an einem anderen Tisch als die übrigen Familienmitglieder, denn bei ihnen, deren Gesichter bald gerötet und deren Stimmen gehoben sind, kreisen hochprozentige Schnapsflaschen. Die Frauen trinken unterdessen Sojabohnenmilch. Das einzige für den Festtag selbst vorgeschriebene Gericht sind Jiaozi, Teigtaschen, deren Form an das Emblem eines früheren Geldstücks erinnert und insofern Wohlstand verheißt. Nach dem Essen geht man gemeinsam nach draußen, um vor möglichst naturschöner Kulisse ein Familienfoto zu machen.

Das Feuerwerk findet nicht nur in der Neujahrsnacht selbst statt, sondern zwei Wochen lang, mit besonderer Intensität am fünften, zehnten und fünfzehnten Tag, dem Laternenfest, mit dem die Feierlichkeiten enden. Jeder veranstaltet es für sich selbst, wann und wie er will, gerne auch frühmorgens, bevor die Sonne aufgeht.

Neujahr ist das Fest der Provinz, aus der die in den Metropolen Beschäftigten überwiegend stammen und die sie nun für eine Woche bereisen wie ihre eigene Vergangenheit. In der Heimatstadt sind die Kleider altmodischer, die Straßen löchriger und die Gespräche lauter. Und die Wohnungspreise oft nur ein Bruchteil dessen, was man in Peking oder Schanghai zahlen muss. Aber auch in der kleinsten Stadt zeigt das einen bevorstehenden Abriss markierende Schriftzeichen »Chai«, das an diesem und jenem, oft schon verlassenen Gebäude steht, dass auch dieses Nest schon bald nicht mehr wiederzuerkennen sein wird.

Die Zeitungen berichten über eine Initiative von Volkskundlern, das chinesische Neujahrsfest zum Weltkulturerbe erklären zu lassen. Allerdings hätten, geben andere Wissenschaftler zu bedenken, die »kulturellen Konnotationen« des Festes doch sehr an Signifikanz verloren. Vermutlich beruht dieses Urteil auf einer Überschätzung folkloristischer Elemente. Davon findet man bei diesem Fest heute tatsächlich wenige, was aber nicht heißt, dass es nicht etwas für China Charakteristisches wäre.

8. Hochgeschwindigkeit
oder: Die Reise in den Süden

Nach siebzehn Minuten leuchtet zum ersten Mal die rote Geschwindigkeitsanzeige auf: 308 km/h. Immer wenn der Zug später sein Tempo auf unter 300 Stundenkilometer drosselt, verschwindet die Anzeige wieder. So nüchtern, technisch und geschäftsmäßig die Leuchtschrift auch erst mal aussieht, so hat sie wie alles in diesem Zug in Wirklichkeit doch eine höchst spektakuläre Botschaft: Wir befinden uns auf einer Reise der Superlative, auf der alles Durchschnittliche keinen Platz haben darf – auf der längsten Hochgeschwindigkeits-zugstrecke der Welt, 2298 Kilometer von Peking nach Guangzhou in acht Stunden.

Zu dem Zeitpunkt, als die Geschwindigkeitsanzeige zum ersten Mal aufleuchtet, kann man im feinstaubdurchwirkten Dunst draußen gerade mal hundert Meter weit gucken, auf Felder, auf denen noch ein bisschen Schnee liegt. Es ist 10.17 Uhr morgens. Pünktlich um zehn hatte der Zug den Pekinger Westbahnhof verlassen, das wohl größte mit Chinoiserie-Deko verzierte Bauwerk der Stadt und einer der größten Bahnhöfe Asiens, konstruiert in den neunziger Jahren, mit Umrissen, die das chinesische Schriftzeichen für »Geschmack« ergeben.

Als sich der Zug ohne das geringste Ruckeln in Bewegung setzte, erklang eine freundliche Frauenstimme vom Band und erklärte zuerst auf Chinesisch und dann auf Englisch, dass der Zug aus sechzehn Wagen bestehe, die erste Klasse sich im zweiten und dritten Wagen befinde, die Business-Klasse im ersten und sechzehnten Wagen, dass die Außentemperatur zwei Grad unter Null betrage, dass Rauchen nicht erlaubt sei und dass man auf seine Kinder sowie den Spalt zwischen Zug und Bahnsteig achtgeben solle.

Draußen glitten die erdigen Farbtöne der Pekinger Randbezirke im wolkenlosen Dunst vorbei. Hinter dem fünften Pekinger Autobahnring werden neue Hochhäuser gebaut. Dann wurde der Dunst immer stärker, so dass das erdige Braun unten und das Himmelsblau oben immer mehr ineinander verschwammen. Immer rascher zogen kleine Hochhaus-Agglomerationen vorüber, Baugruben, schüttere kahle Bäume. Nach fünf Minuten kontrollierte eine junge Zugbegleiterin im hochgeschlossenen violetten Kostüm mit keckem Barett auf dem Kopf den Fahrschein und machte sich eine Notiz. Und jetzt haben wir 10.17 Uhr, und der Zug hat seine Reisegeschwindigkeit erreicht.

Der Erste-Klasse-Wagen ist ausgebucht, der gesamte Zug ist voll. Einen Platz in der zweiten Klasse für 865 Yuan (etwa 110 Euro) hätte man achtzehn Tage im Voraus bestellen müssen, für die erste Klasse, die mit Tickets für 1383 Yuan in Wirklichkeit die mittlere Klasse ist, reichten drei Tage Vorlauf. Die Business-Klasse hätte 2927 Yuan gekostet. Von den 224,5 Millionen Zugreisenden, die für die Neujahrsfest-Saison erwartet werden, dürfte sich nur ein Bruchteil diese Preise leisten können.

Die Klassen unterscheiden sich nach Platz und Farbe. In der Business-Klasse gibt es drei rote Ledersitze pro Reihe, in der ersten Klasse vier rote Sitze mit Stoffbezug pro Reihe und in der zweiten Klasse fünf blaue Sitze mit Stoffbezug pro Reihe. Mein Sitznachbar ist ein schwarzgekleideter drahtiger Mann Ende fünfzig, der gleich nach Fahrtantritt ein iPad herausholt, auf dem er bis zur Ankunft in Guangzhou mit nicht nachlassender Konzentration Sudoku-Rätsel löst.

Auf der anderen Seite des Gangs sitzt ein stilles älteres Ehepaar, das erst nach 700 Kilometern seine Anoraks auszieht. Auf dem kleinen Bildschirm über dem Gang erscheint eine wie mit Tusche hingeworfene chinesische Landschaftsidylle, durch die sich der neue Hochgeschwindigkeitszug windet.

Wir sind also in eine lange Geschichte eingebettet. Draußen erkennt man von der Landschaft mittlerweile weniger als auf chinesischen Tuschebildern. Eine milchige Filmschicht gleitet vorüber, von der sich allenfalls hin und wieder die Linien von Hochspannungsmasten oder Baukränen abzeichnen. Die Provinz Hebei ist eine einzige weite Ebene mit viel Schwerindustrie, deren Luftverschmutzungswerte oft viel höher als die von Peking sind.

Um 11.07 Uhr erreicht der Zug seine erste Station: das 280 Kilometer entfernte Shijiazhuang, die Hauptstadt der Provinz, eine Stadt, die ihrerseits eigentlich erst durch ihren Bahnhof an einem Knotenpunkt Anfang des zwanzigsten Jahrhunderts groß geworden war. Da hatte sich die Eisenbahn schließlich durchgesetzt, nachdem im neunzehnten Jahrhundert viele Chinesen nichts als ein »Großes Chaos« von der neuen Technik erwarteten und noch die Boxer in ihrem Kampf gegen die ausländische Moderne Stahlbrücken gesprengt und Bahnhöfe niedergebrannt hatten. Für den Republikgründer Sun Yat-sen dagegen bildete die Eisenbahn 1912 das Rückgrat seines nationalen Wiederaufbauplans, für den er ein 150 000 Kilometer langes Schienennetz vorsah.

Der Bahnhof, in dem wir jetzt halten, scheint weit außerhalb der Stadt zu liegen, so wenige Häuser sind in seiner Umgebung zu erkennen; er ist offensichtlich nur für Hochgeschwindigkeitszüge gebaut worden: Das gleiche Gewölbe aus strahlend weißen Stangen wie in allen neuen Bahnhöfen in China erwartet einen auch hier. Weit und breit kein Mensch. Für Städte wie Shijiazhuang ist den offiziellen Verlautbarungen zufolge die Hochgeschwindigkeitsstrecke überhaupt erst eingerichtet worden; sie sollen dadurch enger mit der wirtschaftlichen Entwicklung der großen Metropolen verbunden werden. Ein paar Passagiere steigen aus, und die Durchsage vom Band sagt, dass Weiterreisende wegen des kurzen Aufenthalts den Zug nicht verlassen sollen, im Übrigen sei das Rauchen während der gesamten Fahrt verboten. Drei, vier Männer postieren sich an der Zugtür, um rasch herauszuspringen und an ihrer Zigarette zu ziehen. Nach drei Minuten fährt der Zug wieder an.

Zur Mittagszeit werden weitere Klassenunterschiede deutlich. In der zweiten Klasse muss man sich im Bordrestaurant, dessen Design demjenigen deutscher Bordrestaurants sehr ähnelt, für den Erwerb eines der angebotenen Mittagsmenüs anstellen, Garnelen Wantan für 25 Yuan zum Beispiel oder auch Portugiesisches Huhn auf Reis für 33 Yuan. Die Schlange der Wartenden ist lang. In der ersten Klasse werden dagegen einige der auf Plastiktellern arrangierten Menüs am Platz angeboten. Um 12.31 Uhr erreichen wir das 663 Kilometer von Peking entfernte Zhengzhou, die Hauptstadt der Provinz Henan, mitten im Kerngebiet der chinesischen Kultur am Gelben Fluss gelegen; die Ursprünge der Stadt reichen 3500 Jahre zurück, sie soll in der Shang-Dynastie eine Metropole gewesen sein. Doch japanische Bombardements zerstörten einen Gutteil der Stadt, und jetzt sehen wir im Dunst nur ein paar Hochhaus-Rohbauten. Das Licht ist schon etwas südlicher, wärmer geworden.

Kurz danach ändert sich der Ausblick: Statt auf lehmigen Boden guckt man auf grüne Felder. Und so schnell, dass man Einzelheiten nicht aufnehmen kann, gleiten Dörfer vorüber, Agglomerationen von Baracken aus Beton, hin und wieder mit roten Schriftzeichen-Bannern davor als einzigem Farbtupfer. Mitten in einer Umgebung aus Rohbauten und unbefahrenen Schnellstraßen plötzlich ein Teehaus mit Pagoden und einer buddhistischen Statue an einem Teich – das einzige markante China-Signal bisher, doch es handelt sich offensichtlich um einen Freizeitpark. Ansonsten erzeugt ausgerechnet die Geschwindigkeit, mit der China seine Überlegenheit demonstrieren will, eine fast psychedelische Perspektive, aus der man von China nur noch Hochhausruinen hinter einem Staubschleier sieht. Immer wenn ein anderer Hochgeschwindigkeitszug entgegenkommt, gibt es am Ende einen Blitz.

Um 15.30 Uhr die ersten Erhebungen in der Landschaft, zedernbestanden. Eine Stunde später bleiben wir ohne weitere Erklärung für zwanzig Minuten in einem Bahnhof stehen, an dem kein Halt vorgesehen ist. Beim Weiterfahren Blicke auf Braunkohlekraftwerke, Fabriken und einen kleinen Tempel im Berg. Die Sonne kommt heraus. Freundliche Dorfhäuser mit Ziegeldächern, eine Siedlung mit zweistöckigen weißen Häusern. Wir überqueren einen sehr breiten Fluss, den Yangtse, und erreichen kurz darauf, nach 1136 Kilometern von Peking aus, Wuhan, die Metropole zwischen Chongqing im Westen und Schanghai im Osten, eine Schlüsselstadt der Revolution gegen das Kaisertum. Der Bahnhof ist das gleiche menschenleere weiße Gittergewölbe wie an allen bisherigen Stationen. Ein Gutteil der Passagiere wechselt hier. Als Deng Xiaoping im Januar 1992 seine legendäre »Reise in den Süden« ebenfalls mit dem Zug unternahm, war er erst nach einem Tag Fahrt in Wuhan angekommen, wo er bei einem zwanzigminütigen Aufenthalt auf dem Bahnsteig den dortigen Parteisekretär ermahnte, weniger Sitzungen mit leeren Worten zu halten – eine Formel, die der jetzige Parteichef Xi Jinping übernimmt, ohne dass er zu erkennen gibt, worauf sie hinauslaufen soll. Wir fahren an wohlhabend wirkenden hellen Siedlungen mit roten Dächern vorbei und an parzellierten Wasserlandschaften.

Je weiter wir nach Süden kommen, desto pathetischer und revolutionärer wird das Programm auf dem kleinen Bildschirm über dem Gang. Wir sehen den neuen Zug über schwindelerregend kühne Brücken schweben, sehen dann prähistorische Lokomotiven auf Schwarzweißfilmen vorwärtskeuchen, sehen junge Genossen in alten Zügen einander in ihre aufrichtigen Augen schauen.

Das Hochgeschwindigkeitsprogramm war seit 2003 zuerst das Projekt des früheren Eisenbahnministers Liu Zhijun, der es zu einer ebenso patriotischen wie persönlichen Sache voller triumphaler Gesten machte, was ihm den Spitznamen »Großer-Sprung-Liu« eintrug. Nachdem bei einem Zusammenstoß zweier Hochgeschwindigkeitszüge im Juli 2011 vierzig Menschen umkamen, trat ans Licht, mit wie viel Korruption und skrupelloser Schlamperei dieser Anspruch einherging. Liu verlor sein Amt und seine Parteimitgliedschaft, und das prestigeträchtige Programm wurde für eine kurze Zeit unterbrochen. Wir erreichen die Provinz Hunan, die Heimat von Mao. Hinter den Fensterscheiben die ineinander zerlaufenden Brauntöne von schlammigen Anbautrassen.

In Changsha fängt ein Mann, augenblicklich nachdem er eingestiegen ist, an, sich im Gang zu rasieren. Regennasser Boden, Schneespuren. Obwohl wir schon so weit im Süden sind, ist es nicht viel wärmer geworden. Einige der neu eingestiegenen Passagiere sprechen Kantonesisch. Auf dem Bildschirm laufen jetzt Szenen aus der Geschichte der Kommunistischen Partei. Es wird gebirgiger, die Tunnelfahrten häufen sich. Und dann am späten Nachmittag plötzlich eine schon nicht mehr für möglich gehaltene Schönheit. Eine Reihe scharf umrissener Bergketten, dahinter von der letzten Sonne des Tages beschienene Wolken, davor niedrige Wälder und ein Umspannwerk. Auf einem Platz zwischen Hochhäusern spielen ein paar Jungen Basketball. Bei uns im Zug geht eine Frau im rötlichen Kleid leise singend durch die Reihen.

Dann wird es, während wir durch die südliche Provinz Guangdong fahren, draußen dunkel, und drinnen richtet man sich auf die Ankunft ein. Die versprochenen acht Stunden Fahrtzeit werden überschritten, für ein paar Minuten halten wir noch einmal in irgendeinem leeren Bahnhof, aber nach neun Stunden, um 18.59 Uhr, treffen wir tatsächlich im nagelneuen gigantischen Bahnhof Guangzhou Süd ein. Deng Xiaoping hatte für diese Strecke noch zwei Tage gebraucht, bevor er den Genossen einschärfte, ohne kapitalistische Modernisierung könne niemand Parteisekretär bleiben. Am Taxistand hat sich eine lange Schlange gebildet, aber es fährt auch eine U-Bahn in die Stadtmitte.

Empfehlungen

Wer über die chinesische Gegenwart auf dem Laufenden bleiben will, kann sich an eine Reihe Blogs halten, in denen Nachrichten und Deutungen zusammengetragen werden, zum Beispiel »China Digital Times«, eine bilinguale Website aus Berkeley, Kalifornien (www.chinadigitaltimes.net). Oder das »China Media Project« der University of Hong Kong, das sich auf die Beobachtung der Medien in China konzentriert (www.cmp.hku.hk). Oder »ChinaFile«, ein Online-Magazin des »Center on U.S.-China-Relations« der »Asia Society«, in dem regelmäßig China-Beobachter aus der ganzen Welt über aktuelle Themen diskutieren (www.chinafile.com). O-Töne der Kommunistischen Partei Chinas erhält man am besten über die Website der Parteizeitung »People's Daily« (en.peop le.cn).

Zum historischen Hintergrund empfehlen sich die klassische Gesamtdarstellung des französischen Sinologen Jacques Gernet, »Die chinesische Welt« (Suhrkamp), und die neuere »Geschichte Chinas« von Kai Vogelsang (Reclam), die die ideologische Vorstellung eines monolithischen China kritisch auseinandernimmt. Und wer sich in die Geistesgeschichte Chinas einarbeiten möchte, bekommt einen wunderbaren Überblick durch die zweibändige Quellensammlung »Sources of Chinese Tradition«, die Wm. Theodore de Bary und Irene Bloom herausgegeben haben (Columbia University Press).